Schriftenreihe
des Schweizerischen Motivsammler-Vereins

Nr. 29

Dr. Ernst Schlunegger

Basel
im Spiegel der Philatelie

Herausgegeben anlässlich der BASLER TAUBE '95
vom Schweizerischen Motivsammler-Verein

1995

1995

ISBN 3-907034-29-5

Druck und Gestaltung: Birkhäuser + GBC,
Grafische Unternehmen, 4153 Reinach

Die Abbildungen sind zum Teil verkleinert, zum Teil vergrössert wiedergegeben.

Wir danken den Korrektoren der Firma Birkhäuser + GBC und Dr. E. Ernst für die Durchsicht der Manuskripte.

Inhaltsverzeichnis

Einleitung

Basel ist eine philatelistische Hochburg, nicht nur wegen des Basler Täubchens, sondern auch wegen der zahlreichen philatelistischen Aktivitäten über viele Jahrzehnte hinweg. Über das Basler Täubchen ist schon viel geschrieben worden, und eine zusammenfassende Übersicht findet sich in einer anderen Sonderpublikation zur «Basler Taube '95»[1]. Die Stadt, der Stadtkanton, aber auch die Umgebung, der Kanton Basel-Landschaft, lassen sich vielfach mit Briefmarken und Stempeln belegen, leider nicht lückenlos. Es gibt Darstellungen aus Basel, die sich mehrfach anbieten, zum Beispiel das Münster, das Spalentor; andere Motive finden sich nur einmal oder kamen bisher gar nie zu philatelistischen Ehren. Wollte man eine Motivsammlung «Basel» aufbauen, müsste man viele thematische Lücken in Kauf nehmen. Dies soll uns hier aber nicht daran hindern, einmal Basel philatelistisch unter die Lupe zu nehmen. Wir möchten versuchen, möglichst viele philatelistische Belege in Zusammenhang mit Basel und der Regio Basiliensis vorzustellen, ohne einen Anspruch auf Vollständigkeit erheben zu wollen. Einzelne Motive werden wir nur flüchtig streifen, in der Annahme, die Hintergrundinformationen seien hinlänglich bekannt oder doch leicht über übliche Nachschlagewerke zugänglich, andere werden wir etwas ausführlicher behandeln. Solche Informationen sind nicht von gleicher Bedeutung für den Leser aus Basel oder aus der übrigen Schweiz oder gar aus dem Ausland. Zusätzliche Angaben über die Briefmarken der Schweiz und von Liechtenstein finden sich grösstenteils auch im «Motivhandbuch Schweiz» und im «Motivhandbuch Liechtenstein». Die einschlägigen Werbedatumstempel sind ebenfalls in den vier Bänden «Die Motive der Werbedatumstempel der Schweiz» aufgeführt. Schliesslich bringt auch die Publikation «Schweizerisches auf Briefmarken und Stempeln des Auslandes» verschiedene Basler Motive. Hier können wir aber den Schwerpunkt auf Basel legen und beispielsweise Hinweise auf Sonderstempel und Flaggenstempel bringen, die bisher nirgends dokumentiert worden sind.
Unentbehrliches Hilfsmittel für die vorliegende Arbeit sind der Stempelkatalog des Schweizerischen Stempelsammlervereins sowie der PEN-Katalog, deren Katalognummern wir mit freundlicher Genehmigung der Herausgeber benutzen dürfen. Ebenso stammen ein paar Abbildungen aus diesen Werken. Es gibt ein paar hundert Maschinenstempel mit Bezug auf Basel. Zum Teil wiederholt sich die Aussage derselben, so dass wir auf eine vollständige Auflistung verzichten. Der interessierte Sammler kann sich an Hand der bezeichneten Werke selbst weiterorientieren.
Beim Stöbern an einer Börse findet man überdies immer wieder neue Basler Belege, Freistempel, Privatganzsachen und anderes mehr. Der Reiz dieses Themas besteht zum Teil darin, selbst weiterzusuchen und neue Belege und

[1] Die Basler Taube, J. P. Bach und F. Winterstein, Basel 1995.

Bezüge zu entdecken. Es ist nicht möglich, sämtliche Freistempel zu erfassen, aus diesem Grunde werden zum Teil bedeutende Firmen unserer Stadt keine Erwähnung finden. Es ist auch nicht möglich, sämtliche Belege abzubilden. Mit der Angabe der Katalognummern lassen sich Briefmarken in den üblichen Katalogen leicht auffinden, was leider bei den Freistempeln nicht möglich ist.
Unsere Dokumentation ist nicht vollständig, kann nie vollständig sein. Ein Motiv- oder Heimatsammler benötigt viele Jahre, um seine Sammlung aufzubauen. Wir sammeln dieses Gebiet nicht, und es stand uns nur relativ wenig Zeit zur Verfügung, Originalbelege und Abbildungsvorlagen zusammenzutragen. Dennoch hoffen wir, mit dieser Arbeit etwas Unterhaltung und Ansporn zum Weitersuchen zu bieten.

Januar 1995

Dr. Ernst Schlunegger
OK-Präsident «Basler Taube '95»

Erläuterungen

Die im Text verwendeten Zeichen und Abkürzungen besitzen folgende Bedeutung:

□	Briefmarke
🖂	Ganzsache
✈	Flugpost
⊙	Sonderstempel
❀	Werbedatumstempel
⊗	Tagesstempel, Ortsstempel
⚒	Flaggenstempel
➧	Freistempel

Katalognummern

Zumst.	Zumstein-Europa-Katalog	
Znr.	Zumstein Schweiz	Freimarken
PJ	Zumstein Schweiz	Pro Juventute
PP	Zumstein Schweiz	Bundesfeier
FP	Zumstein Schweiz	Flugpost
W	Zumstein Schweiz	Wohltätigkeitsmarken
A xxx	PEN-Stempelkatalog	Automobilpostbüro
S xxx	PEN-Stempelkatalog	Sonderstempel
K xxx		Werbedatumstempel
M	Handbuch der Maschinenstempel	Flaggenstempel
Mi.	Michel-Katalog	

Es war einmal

Philatelistisch machten nur zwei Männer Geschichte in Basel: Munatius Plancus und Johann Rudolf Wettstein. Ein Basler, besser gesagt ein Baselbieter, namens Sutter machte aber als Kolonisator und General Geschichte in Amerika. Trotz seiner Leistung gibt es auf der ganzen Welt offenbar keine zweite Ortschaft, die an Basel erinnert. Es gibt kein New Basel, kein Basilea, entsprechend den zahlreichen Berns und Genevas! Mit der Geschichte von Basel untrennbar verbunden ist das Bistum Basel, das an anderer Stelle gewürdigt wird.

Lucius Munatius Plancus

Gründer der römischen Colonia Augusta Raurica (Augst) und damit im übertragenen Sinne auch der Stadt Basel. Sein von Hans Michel aus Strassburg 1580 geschaffenes Standbild (Pfeilerstatue) befindet sich im Hofe des Rathauses.
Geboren 87 v. Chr. in Tibur (heute Tivoli) bei Rom. Schüler von Cicero in der Redekunst. Offizier im Heere Caesars in Gallien, Legat (Befehlshaber einer Legion), machte die Feldzüge in Gallien, Belgien, Britannien, Spanien und Nordafrika mit. Stadtpräfekt von Rom im Jahre 46 v. Chr. Statthalter für Gallien 44 v. Chr., Gründer zahlreicher Kolonien, teils zur Ansiedlung der Veteranen, teils zu Verteidigungszwecken, so der Colonia Raurica. Während des Partherfeldzuges des Marcus Antonius 36 v. Chr. war L. Munatius Plancus Statthalter über die Provinz Syrien, nahm auch den Titel eines Imperators an. Er starb vor 15 v. Chr.

□ Schweiz 1957 40 c (Znr. 331): Munatius Plancus, im Hintergrund Münster mit Pfalz, Rheinhafen
⊙ Augst BL 23.8.1957 (A 775, A 776): 2000 Jahre Basel: Standbild von L. Munatius Plancus
⚒ Basel 1957 (M 4.2.43): 2000 Jahre Basel

Der Ungarn-Einfall

Im Jahre 917 wurde Basel von Ungarn völlig zerstört, dabei fand auch der Bischof den Tod. An dieses Ereignis erinnert noch das Gemeindewappen von Kleinhüningen: Es zeigt den Hunnenkönig Attila. Belegbar durch den Ortsstempel Kleinhünigen und mit einem Sonderstempel.

⊙ Basel 18.–28.4.1942 (A 316) Mustermesse: Rheinhafen Kleinhüningen Basel

Die Schlacht von St. Jakob an der Birs 1444

1439 hatte das Konzil von Basel Papst Eugen IV. abgesetzt und als Gegenpapst Felix V. gewählt. Von 1443 an stand das mit Österreich verbündete Zürich im offenen Krieg mit den Eidgenossen (Alter Zürichkrieg). Basel war mit Bern und Solothurn verbündet, und der Gegensatz mit der umliegenden österreichischen Ritterschaft verschärfte sich. Österreich wollte sich die Eidgenossen endgültig unterwerfen. Nach dem Frieden mit England wollte auch Frankreich am Oberrhein Fuss fassen. Unter Führung des Dauphins stiessen im August 1444 die Armagnaken gegen Basel vor. Derweil wurde die im Besitz österreichischer Parteigänger befindliche Farnsburg von den Eidgenossen belagert. Die Belagerer entsandten eine Abteilung zur Aufklärung

☐ Schweiz 1923 40+10 c (PJ 28): Landeswappen, als Schildfiguren: Krieger der Schlacht bei St. Jakob an der Birs und Dauphin Louis XI

☐ Schweiz 1944 10+10 c (PP 23): Kapelle und Siechenhaus von St. Jakob

⊙ Basel 26.8.1939 (A 287): St. Jakob an der Birs: Krieger

⊙ Basel 26.–27.8.1944 (A 344): St. Jakob an der Birs: Hellebarde

⚔ Basel 1944 (M 4.2.10): Fünfhundertjahrfeier

⊙ Basel 1.8.1988, Bundesfeier: St.-Jakobs-Denkmal

gegen die Birs hinab. Bei Pratteln stiess diese auf die feindliche Vorhut, warf sie zurück, verfolgte sie und liess sich, an der Birs angelangt, entgegen den Befehlen mit der feindlichen Übermacht in den Kampf ein. Die Schlacht konzentrierte sich schliesslich um Kapelle und Siechenhaus zu St. Jakob, wo die eidgenössische Schar, 1500 Mann stark, im Kampf gegen 30 000 Armagnaken beinahe bis auf den letzten Mann fiel. Ein Ausfallversuch der Basler zur Unterstützung der Eidgenossen wurde durch die Bedrohung der Stadt durch die feindlichen Heeresmassen vereitelt. Die Schlacht bei St. Jakob hatte aber den Rückzug der Armagnaken zur Folge. Basels Selbständigkeit war gerettet, der Weg zum Anschluss an die Eidgenossenschaft vorgezeigt.[1]
Anführer der Basler war Henmann Sevogel, dargestellt als Krieger in der Brunnenfigur auf dem Martinskirchplatz und geehrt mit der Sevogelstrasse.
Alle fünf Jahre wird in Basel das St.-Jakobs-Fest gefeiert. Die Feier zum 550jährigen Jubiläum (1994) ergab eine Kontroverse in der Bevölkerung.
Siehe auch im Abschnitt «Quartiere».

Basel in der Eidgenossenschaft

Basel trat im Jahre 1501 dem Bund der Eidgenossen bei, was den Interessen beider Teile entsprach. Beide wurden von den gleichen Gegnern bedroht, von Österreich und von Karl dem Kühnen. Im Bundesbrief von 1501 wurde festgehalten, Basel müsse bei Streitigkeiten neutral bleiben, was Basel vor dem Hineingerissenwerden in alle europäischen Streitigkeiten rettete.[2]

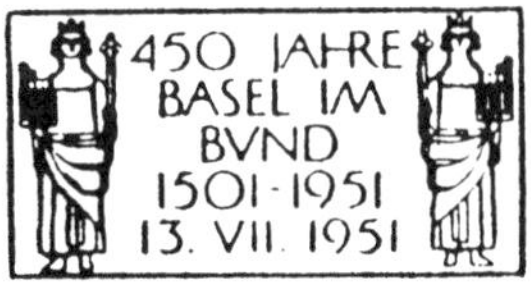

⊙ Basel 13.7.1951 (A 547): Basel 450 Jahre in der Eidgenossenschaft

Johann Rudolf Wettstein

Geboren am 27. Oktober 1594 in Basel, gestorben ebenda am 12. April 1666. Sein Vater stammte aus dem zürcherischen Russikon und wurde in Basel Spitalmeister.
Johann Rudolf wurde 1610 in die Zunft zu Rebleuten aufgenommen. 1611 heiratete er Anna Maria Falkner. 1616 Offizier in venezianischen Diensten, 1619 Beisitzer im Stadtgericht, 1620 Ratsherr von der Zunft aus, 1622 Verordneter zur Münze, Pfleger im Gnadental und Hauptmann im Aeschenquartier, 1624 Vogt auf Farnsburg, 1626 Obervogt zu Riehen, 1627 Dreizeh-

---
[1] Hist. Biograph. Lexikon der Schweiz.
[2] Basel, Pendo-Stadtführer, p. 21.

nerherr, 1635 Oberzunftmeister, 1645 Bürgermeister des Freistandes Basel. Wettstein bewies sein diplomatisches Talent bereits an der Tagsatzung, und so begab er sich 1647 im Auftrag der reformierten Stände Zürich, Bern, Basel und Schaffhausen an den Friedenskongress zu Osnabrück und Münster in Westfalen. Er sollte erwirken, dass die Eidgenossenschaft vom Reich ausgenommen würde, erreichte aber sogar ihre gänzliche Loslösung und die juristisch anerkannte Unabhängigkeit. Zur Sicherung des Vertrages reiste Wettstein 1650/51 nach Wien an den Hof des Kaisers Ferdinand III., der ihn in den Adelsstand erhob. Wettstein machte von diesem Privileg keinen Gebrauch.
Johann Rudolf Wettstein war einer der grössten schweizerischen Diplomaten, daneben setzte er 1661 durch, dass das Amerbachsche Kunstkabinett von Rat und Universität erworben wurde, statt ins Ausland verschachert zu werden. Er wurde so zum Begründer der öffentlichen Sammlungen von Basel, des Kunstmuseums wie auch des Historischen Museums.

□ Schweiz 1948 5 c (Znr. 281): Porträt
□ Schweiz 1948 10 und 20 c (Znr. WIII 29–31): IMABA-Block
•• Basel, Wettstein-Apotheke: Porträt von Wettstein im Oval

Der Westfälische Frieden

Die Unabhängigkeit der Eidgenossenschaft vom Deutschen Reich war im Basler Frieden von 1499 nicht förmlich anerkannt worden. Die später eidgenössisch gewordenen Städte Basel und Schaffhausen sowie Zugewandte wurden von seiten des Reiches als seine Angehörigen betrachtet; eine Auffassung, die sich unter anderem in Zitationen vor das Reichskammergericht in Speyer offenbarte. In der ersten Hälfte des 17. Jahrhunderts hatten namentlich die Basler unter solchen Anfechtungen zu leiden, so wurde um 1642 wiederum ein Prozess in Speier gegen Basler Bürger gemacht. Die Basler verlangten eine eigene Abordnung an den westfälischen Friedenskongress im Namen der Eidgenossenschaft, was am Widerstand der katholischen Orte scheiterte. Dennoch wurde Ende 1646 Wettstein von den evangelischen Orten nach Münster gesandt. Er erwirkte bis zum November 1647 ein kaiserliches Dekret, worin die Befreiung der XIII Orte vom Kammergericht aufgrund ihrer Unabhängigkeit ausgesprochen wurde. Dies wurde schliesslich als Punkt 6 des Friedensvertrags festgehalten.

⚒ Basel 1948 (M 4.2.13)
⊙ Basel 1.–14.3. und 24.10.1948 (S 292)

Burgergemeinde Basel

Die Grundlage für die heutige Basler Bürgergemeinde wurde mit der neuen Kantonsverfassung vom 10. Mai 1875 geschaffen. Das bürgerliche Parlament, der Weitere Bürgerrat, konnte erstmals am 9. Oktober 1876 zusammentreten. Gemäss Verfassung von 1875/1889 und Gemeindegesetz von 1916 bestehen die Bürgergemeinden «für die Verwaltung des Bürger- und Korporationsvermögens und der bürgerlichen Anstalten, für die Aufnahme ins Bürgerrecht und für das bürgerliche Armenwesen». Die bürgerlichen Behörden waren jedoch stets bestrebt, die Tätigkeit der Bürgergemeinde über diesen bescheidenen Auftrag der «Verwaltung» im Rahmen der beschränkten Mittel auszubauen.[3]

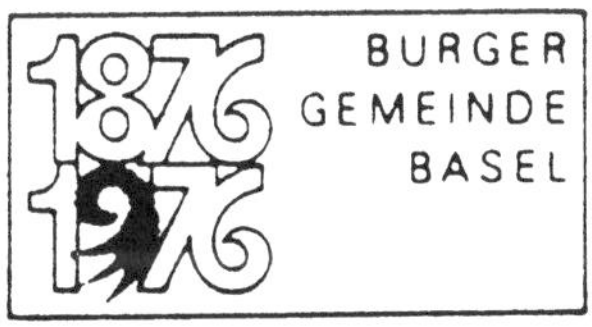

⚒ Basel 1976 (M 4.2.137): 100 Jahre Burgergemeinde Basel
➜ Basel: Freistempel der E. Zünfte und E. Gesellschaften der Stadt Basel

Christoph Merian

Sohn von Christoph Merian (1769–1849), der zusammen mit Johann Jakob Merian (1768–1841) im Jahre 1788 die Grosshandelsfirma «Gebr. Merian» gründete und während der Kontinentalsperre ausgedehnte Handelsgeschäfte betrieb. Sie schufen die Voraussetzung für das philanthropische Werk ihres Nachfahren, der unter anderem die St.-Elisabethen-Kirche und einen

[3] Basler Stadtbuch 1976, p. 10–11.

Flügel des Bürgerspitals stiftete. Er setzte die Stadt Basel zum Erben seines bedeutenden Vermögens ein, das zum grossen Teil aus Grundbesitz bestand. Das Testament und seine Stiftung traten in Kraft mit dem Tode seiner Witwe am 3. Mai 1886. Vom Originaltestament lag nur eine Abschrift vor, das Original kam erst Ende 1994 in einer Baselbieter Familie zum Vorschein. Der Ertrag dieser Christoph-Merianschen Stiftung (CMS) sollte für wohltätige und nützliche städtische Zwecke verwendet werden. Philatelistisch bisher nur mit einer Postwerbeflagge und Frankiermaschinenstempel der CMS direkt belegbar.

✕ Basel 1986 (M 4.2.259): CMS-Fest 100 Jahre Christoph-Merian-Stiftung
↔ Basel 1986: desgleichen Freistempel der CM

Johann August Sutter

Obwohl am 15. Februar 1803 in Kandern, Grossherzogtum Baden, geboren, wird General Sutter als Schweizer und Baselbieter gefeiert, besass er doch das Heimatrecht von Rünenberg, Kanton Basel-Landschaft. Er verbrachte die Jugendjahre im Badischen, dann trat er in Basel eine Buchhändlerlehre an. 1828 heiratete er und eröffnete in Burgdorf einen Tuchwarenladen. 1834 geriet er in Konkurs und floh nach Amerika. In St. Louis eröffnete er ein neues Geschäft, das 1837 abermals bankrott ging. Danach zog Sutter nach Kalifornien, und acht Jahre später konnte er 20 000 Rinder und 4500 Pferde sein eigen nennen. Sein «Neu-Helvetien» umfasste 40 000 Hektaren. Sutter kaufte den Russen ihre Besitzungen in Kalifornien ab. Fort Sutter schrieb so Weltgeschichte. Auf Sutters Grund und Boden wurde eine Goldader gefunden, die innert weniger Jahre 200 Millionen Dollar Gewinn abwerfen sollte. Sutter selbst wurde durch den Goldfund ruiniert. Seine dreissigjährigen Bemühungen, vom Staat Schadenersatz zu erhalten, blieben erfolglos.
Angeblich soll General Sutter im Jahre 1850 bei einer zufälligen Begegnung dem Hosenfabrikanten Levi Strauss anstelle von Segeltuch den Serhe de Nîmes als widerstandsfähigsten Stoff empfohlen haben. Levi Strauss befolgte den Rat. Nach ein paar Jahren wurde der französische Stoff nur noch «Denim» genannt.[4]

[4] Handels-Zeitung Nr. 50/15.12.1994, Seite 39.

□ USA 1948 3 c (Mi. 566): Sutters Mühle, Coloma, die Stätte des ersten Goldfundes durch J. W. Marshall 1848

⊗ Verschiedene Ortschaften in den USA tragen Sutters Namen und lassen sich mit Poststempeln belegen:
⊗ Fort Sutter/California 95816
⊗ Sutter/California 95982
⊗ Sutter Creek/California 95685
⊗ Sutter/Illinois 62373

Johann Ludwig Burckhardt

Geboren 24. November 1784 in Lausanne, gestorben 15. Oktober 1817 in Kairo. Schweizer Orient- und Forschungsreisender. Sohn von Johann Rudolf Burckhardt (1750–1813), «zum Kirschgarten» aus Basel, der als Jägerhauptmann beschuldigt wurde, 1796 beim österreichischen Angriff auf den französischen Brückenkopf Hüningen den Österreichern den Durchmarsch über Schweizer Gebiet erleichtert zu haben.
Johann Ludwig trat 1806 in den Dienst der britischen Afrikagesellschaft als Nachfolger F. K. Hornemanns und unternahm in deren Auftrag seit 1809

□ Dubai 1969 35 Dh, 60 Dh, 1 R, 1.25 R (Mi. 353–356): Sir R.F. Burton, C.M. Doughty, J.L. Burckhardt, W. Thesiger sowie Karte der Arabischen Halbinsel grosse Forschungsreisen. Er nahm den mohammedanischen Glauben und den Namen Scheik Ibrahim an, bereiste 1813/14 das obere Niltal, Syrien, Palästina, Nordarabien, die Sinai-Halbinsel, Ägypten. Auf einer weiteren Reise gelangte er 1814/15 über Sawakin und Dschidda nach Mekka und Medina, die er ausführlich beschrieb. Er fertigte die ersten genauen Karten der besuchten Gebiete an.

Gross- und Kleinbasel

Im Jahre 1392 erwarb Basel die bischöflichen Rechte in Kleinbasel und kaufte damit die «Mindere Stadt». Der Kaufvertrag wurde am 6. April 1392 mit Bischof Friedrich von Strassburg als interimistischer Bischof von Basel abgeschlossen. Die bischöfliche Gründungsstadt Kleinbasel war seit ihren Anfängen im 13. Jahrhundert aufs engste mit der grösseren und älteren Stadt links des Rheins verbunden. Das Stadtsiegel von Kleinhüningen wies einen Bischofskopf in einem gotischen Wimperg zwischen zwei Türmen auf. Im 14. Jahrhundert geriet das Kleinbasler Handwerk zunehmends unter die Kontrolle der Grossbasler. Der Kleinbasler Rat stellte seine Tätigkeit um 1365 ein, und das Schultheissenamt übten danach mit bischöflicher Gunst die in Grossbasel residierenden Herren von Bärenfels aus. 1385 wurde dieses Amt pfandweise von Grossbasel erworben, dann mussten die habsburgischen Pfandrechte ausgelöst werden, und 1399 traf die päpstliche Verkaufsbewilligung ein. Alles in allem kostete der Erwerb von Kleinhüningen an die 60 000 Gulden.[5] Vom 28. bis 30. August 1992 gedachte man des sechshundertjährigen Jubiläums mit einem grossen Volksfest.

⚒ Basel 1992 (M 4.2.354): 600 Joor Glai- und Groossbasel

Kleinhüningen

Seit 1385 gehörte die eine Hälfte des Ortes der Stadt Basel, während die andere Eigentum der Markgrafen von Baden-Hochberg war. 1640 verkaufte Markgraf Friedrich V. seine Hälfte an die Stadt Basel, die nun den Ort

---

5 Basler Stadtbuch 1992, Werner Meyer, p. 11–15.

Kleinhüningen ihrem Gerichtskreis Kleinbasel zuteilte. Der Landvogt residierte im Klybeckschlösslein. Sehr kritisch war die Lage des Ortes während der Französischen Revolution; im März 1792 wurde er von der Festung Hüningen aus beschossen. Am 30. November 1796 verletzten hier österreichische Truppen die schweizerische Neutralität. Seit 1. Januar 1893 Eingliederung der bisherigen politischen Gemeinde in die Stadt Basel.

⊗ Basel 19 Kleinhüningen

Riehen

Kirchlich unterstand Riehen wie das ganze Kleinbasel im Mittelalter dem Bischof von Konstanz und gehörte zum Breisgau. Schon sehr früh erwarb jedoch der Bischof von Basel die weltliche Herrschaft. Im Jahre 1522 erstand die Stadt Basel Riehen vom Bischof.

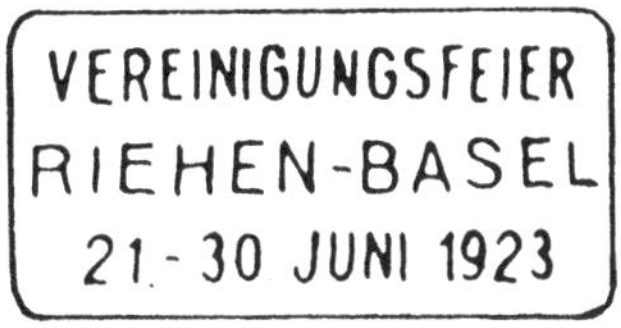

⚒ Basel 1923 (M 4.2.2): Vereinigungsfeier Riehen–Basel
❀ Riehen (K 376, 376a, 1227)

Waldighoffen

Im Jahre 1445 verwüsteten die Basler den Sundgau und zerstörten am 20. Mai 1445 das Dorf Waldighoffen. Weil die Basler noch nicht der Eidgenossenschaft angehörten, waren die Plünderer mit roten Kreuzchen an der Rüstung oder an den Beinkleidern markiert.

⊗ Waldighoffen: Flaggen- und Tagesstempel

Basel ehrt verdiente Persönlichkeiten

Sie machten auch irgendwie Geschichte, und ihre Bedeutung war so gross, dass sie in Basel zu Ehren kamen. Wir sprechen von einer Anzahl Persönlichkeiten, denen zu Ehren in Basel ein Denkmal errichtet oder eine Gedenktafel angebracht worden ist. Es gibt eine recht beträchtliche Anzahl solcher Ehrentafeln, die meisten fallen für uns ausser Betracht, da sie sich philatelistisch nicht belegen lassen. Wir sind aber doch auf ein paar Personen, vor allem Ausländer, gestossen, die auf einer Briefmarke dargestellt worden sind und in Basel eine Gedenktafel oder eine Grabstätte besitzen, zum Teil sind sie schon in anderen Kapiteln berücksichtigt worden: Erasmus von Rotterdam, Johann Peter Hebel. Auch Strassennamen und Plätze erinnern an Per-

sönlichkeiten, die sich mit Briefmarken oder Stempeln belegen lassen. Erwähnt seien sie hier nur, wenn sie nicht schon in einem andern Abschnitt gewürdigt worden sind.

Alexander I., 1777–1825, Zar von Russland. Eine Gedenktafel befindet sich am Rheinsprung, im Inneren des Blauen Hauses. Alexander wohnte 1814 im Segerhof am Blumenrain, wo er unter anderem am 16. Januar 1814 Heinrich Pestalozzi empfing.[6] Der Zar ist auf einer russischen Briefmarke porträtiert.

☐ Russland 1913 3 K (Zumst. 81)

Guillaume Henri Dufour, 1787–1875. Schweizer General. Geehrt mit der Dufourstrasse.

☐ Schweiz 1937 5+5 c (PJ 81)

Thomas Alva Edison, 1847–1931, amerikanischer Erfinder. Geehrt durch die Edisonstrasse.

☐ USA 1947 3 c (Mi. 551) und andere

Franz I., 1768–1835, Kaiser von Österreich. Gedenktafel am Rheinsprung, im Inneren des Blauen Hauses.

☐ Österreich 1908 u. 1910 12 H (Zumst. 138, 159)

Johann Wolfgang von Goethe, 1749–1832, deutscher Dichter. Gedenktafel an der St.-Johanns-Vorstadt 15–17.

☐ Unzählige Briefmarken ehren den grossen Dichter

[6] Basler Almanach, Eugen A. Meier, p. 33.

Henri Guisan, 1874–1960, schweizerischer General. General-Guisan-Strasse.
☐ Schweiz 1969 20 c (Znr. 472)

Fritz Haber, 1868–1934, Chemiker und Nobelpreisträger. Sein Grab befindet sich auf dem Hörnli-Friedhof in Basel. Er wird geehrt durch eine Briefmarke von Berlin.
☐ Berlin 1957 15 Pf (Zumst. 172)

Gottfried Keller, 1819–1890. Schweizerischer Dichter und Maler. Gottfried-Keller-Strasse.
☐ Schweiz 1940 5+5 c (PJ 94)

Conrad Ferdinand Meyer, 1825–1898. Schweizerischer Dichter. Geehrt durch die C.-F.-Meyer-Strasse.
☐ Schweiz 1990 35 c (Znr. 794)

Niklaus von der Flüe, 1417–1487. Schweizerischer Mystiker und Einsiedler. Niklaus-von-Flüe-Strasse.
☐ Schweiz 1919 30+10 c (PJ 52)

Johann Heinrich Pestalozzi, 1746–1827. Schweizer Pädagoge. Pestalozzistrasse.
☐ Schweiz 1927 20+5 c (PJ 43) und andere

Albert Schweitzer, 1875–1965. Französischer Arzt und Theologe. Geehrt durch die Albert-Schweitzer-Strasse.
☐ Frankreich 1975 0.80+0.20 F (Zumst. 1889) und viele andere

Wilhelm Tell. Schweizerischer Nationalheld. Geehrt durch Tellplatz und Tellstrasse.
☐ Schweiz 1910 10 c (Znr. 126) und viele andere

Alessandro Volta, 1745–1827, italienischer Physiker. 1899 wurde in Basel das thermische Kraftwerk Voltastrasse eröffnet.
☐ Italien 1949 50 L: Porträt (Zumst. 804)
⊗ Basel 13 Voltastrasse

Arnold von Winkelried, gefallen 1386 in der Schlacht am Morgarten. Sagenhafter schweizerischer Nationalheld. Geehrt durch den Winkelriedplatz, das Ereignis selbst durch den Morgartenring.
☐ Schweiz 1922 40+10 c (PJ 24)
☐ Schweiz 1940 5+5 c (PP 3)
⊙ Morgarten: diverse Stempel für das Morgartenschiessen

Religion und Kirche

Drei Begriffe drängen sich auf, wenn man Basel in bezug auf Religion und Kirche betrachten will: das Konzil von Basel 1431–1448, das Basler Münster und der Bischof. Das Konzil lässt sich philatelistisch nur indirekt belegen, es hat beispielsweise zur Gründung der Basler Universität geführt. Das Münster ist eines der Wahrzeichen unserer Stadt, die wir im Abschnitt «Architektur» behandeln.
Berühmte Theologen verschiedener Glaubensrichtungen haben sich in Basel aufgehalten: Zwingli, Calvin, Erasmus von Rotterdam (siehe unter Literatur), Theodor Herzl, und aus Basel stammt Professor Barth. Auch andere Persönlichkeiten haben sich mit der Theologie befasst, so etwa Jakob Bernoulli und Leonhard Euler, die wir unter «Naturwissenschaften» erfassen.

Karl Barth

Geboren 10. Mai 1886 in Basel, gestorben 10. Dezember 1968. Schweizerischer reformierter Theologe. Studium der Theologie in Bern, Berlin, Thüringen und Marburg; Hilfspfarrer 1909 in Genf, 1911 Pfarrer in Safenwil AG, 1921 Professor in Göttingen, 1925 in Münster, 1930 in Bonn, wo er 1935 wegen seiner Gegnerschaft zum Nationalsozialismus entlassen wurde; dann Professor in Basel. 1946/47 Gastvorlesungen in Bonn. 1961 emeritiert, eingeschränkte Lehrtätigkeit bis 1968. Barths Denken bedeutet eine Wende in der protestantischen Theologie, die bis dahin unter dem Einfluss Schleiermachers stand.

☐ BRD 1986 80 Pf (Zumst. 1277)

Ulrich (Huldrych) Zwingli

Geboren 1. Januar 1484 in Wildhaus (Toggenburg), gefallen 11. Oktober 1531 bei Kappel. Reformator der deutschen Schweiz. Studien in Wien und in Basel, dann Pfarrer in Glarus, Feldprediger in den Schlachten von Novara und Marignano. 1516 Leutpriester in Einsiedeln, 1519 in Zürich.

☐ Schweiz 1969 10 c (Znr. 471)
☐ Schweiz 1984 50 c (W 62): Rathaus in Zürich, Helmhaus, Wasserkirche, Zwingli-Denkmal
⊙ A–1150 Wien 31.10.1967 «30 Jahre Zwingli-Kirche Wien»

Jean Calvin, eigentlich Jean Caulvin

Geboren 10. Juli 1509 in Noyon (Picardie, Frankreich), gestorben 27. Mai 1564 in Genf. Reformator. Humanistische und juristische Studien. Durch intensives Studium der Bibel hatte sich Calvin eine bedeutende theologische Bildung erworben. Seine plötzliche Bekehrung fand ihren ersten Niederschlag in der Rektoratsrede, die er für Nicolas Cop verfasste (1. November 1533). Die Beteiligung an der Sache der Evangelischen zwang ihn 1534, Frankreich zu verlassen. Calvin wandte sich zunächst nach Basel, 1538 nach Strassburg, 1541 nach Genf.

☐ Schweiz 1959 50 c (Znr. 346): J. Calvin und Th. de Bèze vor Universitätsgebäude Genf
☐ BRD 1964 20 Pf (Zumst. 451)
☐ Frankreich 1964 0.30+0.10 F (Zumst. 1461), dazu Ersttagsstempel
☐ Südafrika 1964 2½ c (Mi. 341)
⚒ Noyon (Oise, Frankreich): Hinweis auf das Calvin-Museum

Theodor Herzl und die Zionisten

Am 9. August 1911 wurde im Stadtcasino in Basel der 10. Zionistenkongress eröffnet. Als Hauptergebnis des Kongresses wird die Versöhnung der verschiedenen Strömungen im Zionismus bezeichnet.[1]

---

[1] Basler Almanach, p. 69.

□ Israel 1960 0.25 (Mi. 220)
⊙ Basel 9.–15.8.1911 (S 44): Kongressbüro (Zionistenkongress)
⊙ Basel 29.8.–18.9.1913 (S 127): XV. Zionistenkongress
⊙ Basel 21.6.–21.7.1931 (S 140): XVII. Zionistenkongress
⊙ Basel 9.–24.12.1946 (S 270): XXII. Zionistenkongress
⊙ Basel 26.4.1964 (A 954): European Zionist Conference
⊙ Basel 15.5.1960 (A 844): 100. Geburtstag von Theodor Herzl
⊙ Basel 23.–24.9.1967 (A 647): Israel-Briefmarkenausstellung: Th. Herzl
⊙ Basel 1.5.1968 (A 1095): 20. Jahrestag der Gründung des Staates Israel
⊙ Basel 16.–17.10.1971 (A 1225): Jüdischer Nationalfonds

Gotteshäuser

Verschiedene Kirchen, vorab das Basler Münster und den Dom zu Arlesheim, finden wir auf Briefmarken und auf Stempeln. Sie werden im Abschnitt «Architektur» vorgestellt, zum Teil auch unter «Baselland». Die Kirche von Läufelfingen kommt zum Zuge mit dem Glasgemälde «Hl. Christophorus», das sich im Historischen Museum Basel befindet.

□ Schweiz 1969 30+10 c (PP 144)

Katholikentag

1857 wurde in Beckenried der Piusverein gegründet mit dem Zweck, die religiösen Rechte der Schweizer Katholiken zu verteidigen, Werke der Mildtätigkeit und der sozialen Fürsorge sowie literarische, wissenschaftliche oder künstlerische Werke zu schaffen und zu fördern. 1899 nannte er sich Schweizerischer Katholikenverein, seit 1900 Schweizerischer Katholischer Volksverein. Bis 1904 wurden 38 Generalversammlungen abgehalten, die dann durch die allgemeinen schweizerischen Katholikentage ersetzt wurden, so 1924 in Basel.[2]

⊙ Basel 9.–10.8.1924 (S 102): VI. Schweiz. Katholikentag

[2] Hist. V, 446.

Das Bistum Basel

Die Bevölkerung des Halbkantons Basel-Stadt ist mehrheitlich reformiert, und dennoch befindet sich aus historischen Gründen hier der Sitz eines katholischen Bischofs. Es ist dies das einzige Bistum, für welches die Wahl des Bischofs nicht durch den Papst erfolgt, sondern durch ein Wahlgremium aus Vertretern von Kirche und Staat. Der Bischof wird lediglich nach erfolgter Wahl vom Papst bestätigt. Das Bistum erstreckt sich weit über die Kantonsgrenze hinaus, umfasst auch Baselland, den Jura, die Kantone Solothurn und Bern. Der Bischof von Basel spielte eine bedeutende Rolle in der Geschichte der Rheinstadt, sie tritt heute noch in Erscheinung mit den Basler Wappen, dem Bischofsstab. Es gibt zwar keine einzige Briefmarke, die direkten Bezug auf das Bistum Basel nimmt, aber um so häufiger findet das Bistum Erwähnung in Zusammenhang mit Postwerbedatumstempeln. In zahlreichen Ortschaften besassen die Bischöfe von Basel Güter und Zehntenrechte, und das bischöfliche Wappen tritt verschiedenenorts in Erscheinung.

Der Ursprung des Bischofssitzes reicht bis in die römische Zeit. Möglicherweise war die ursprüngliche Residenz Augusta Raurica, nachweisbar als Bischofssitz ist aber erst Basel für die Zeit um 400. Im 7. Jahrhundert war offenbar für kurze Zeit wieder Kaiseraugst (Castrum Augst) Bischofssitz, aber nach 618 nun definitiv Basel. Die alte, dem Erzbistum Besançon unterstellte Diözese umfasste vor der Reformation elf Landkapitel, von denen sechs zum Oberelsass gehörten. Nach der Reformation wurde Pruntrut Bischofssitz. 1827 legte der letzte Fürstbischof sein Amt nieder. Es kam dann zu einer Neugründung der Diözese. Ein Konkordat beschloss 1828 die Verlegung des Bischofssitzes nach Solothurn. 1874 wurde auch dieses Domkapitel aufgelöst. 1888 wurde das neugegründete Immediatbistum Lugano mit Basel verbunden. Der Bischof von Basel führte den Titel «Bischof von Basel und Lugano», besass aber im Tessin keine Jurisdiktion. 1978 wurde das Konkordat zwischen den interessierten Mächten bestätigt und ergänzt.

Der Bischof von Basel war der Stadtherr von Basel, der ursprünglich den Rat und sämtliche Zivilbeamte ernannte. Dennoch war die Stadt dem Bischof nie zu eigen. Im Jahre 999 schenkte der König von Burgund, Rudolf III., dem Bischof Adalbert die Abtei Münster-Granfelden (Moutier-Grandval), womit das weltliche Fürstentum der Bischöfe von Basel begann, das sich durch weitere Schenkungen und durch Käufe in den folgenden Jahren rasch entwickelte. Ein Maschinenstempel (Delémont 1981) weist auf die Bibel von Moutier-Grandval hin. Der Bischof wurde ein dem Reich lehnpflichtiger Fürst. Seine Rechte waren aber nicht in allen Ländereien dieselben. In gewissen Gebieten besass der Bischof alle landes-, gerichts- und grundherrlichen Rechte, andernorts wurde ein Teil derselben durch Grafen ausgeübt. Im 13. und 14. Jahrhundert erstreckten sich die Besitzungen der Basler Bischöfe über die Kantone Baselland, Solothurn und Bern sowie über

gewisse Gebiete im Elsass und im Grossherzogtum Baden. Mit der Zeit musste der Bischof von Basel gewisse Ländereien verpfänden. Das weltliche Fürstentum der Bischöfe von Basel wurde 1815 mit dem Wiener Kongress beendigt, als es dem Kanton Bern angegliedert wurde.
Zu den wichtigsten Gebietserwerbungen der Bischöfe von Basel gehörten: Schloss Pfeffingen, Grafschaft Augst 1041, Grafschaft Herkingen, die Stadt Biel, die Herrschaft Laufen 1141, die Herrschaft Birseck 1245, die Herrschaft Elsgau (Ajoie), Kleinbasel 11. Jahrhundert (1392 an die Bürgerschaft Basel verkauft).[3]
Neben einigen Briefmarken lassen sich zahlreiche Stempel für die Dokumentation des Bistums Basels miteinbeziehen; daraus seien hier lediglich ein paar Beispiele aufgeführt, ohne den geringsten Anspruch auf Vollständigkeit:

Porrentruy: Im Stempel von Pruntrut im Kanton Jura sehen wir das Schloss, das bereits 1270 an das Bistum Basel gelangte. Am sogenannten Hahnenturm befindet sich das Wappen des Bistums Basel. Es diente dem Bischof von Basel zuerst zeitweise, nach dem Übertritt von Basel zur Reformation ständig als Residenz.

❀ Porrentruy (K 62, 62a, 62b, 62c, 76, 77)
⚒ Porrentruy 1985 (M 3.245)
□ Schweiz 1968 1.50 Fr (Znr. 422): Frankreich-Tor in Porrentruy
□ Schweiz 1979 70+30 c (PP 184): Schloss Pruntrut

Delémont: Auch Delsberg weist Spuren des Bischofs von Basel auf, einmal mit dem Wappen (in Rot der silberne Bischofsstab von Basel über silbernem Sechsberg), dann aber mit einem der noch erhaltenen Stadttore, das «Porte de Monsieur le Prince» genannt wird wegen seiner Nähe zum Bischofssitz. Das bischöfliche Wappen ist auch am Figurenbrunnen, der «Fontaine du sauvage», zu sehen.

□ Schweiz 1989 35 c (Znr. 771): 700 Jahre Stadt Delémont
❀ Delémont (K 771, 1238)
⚒ Delémont 1958 (M 3.42)

[3] Hist. Biograph. Lexikon der Schweiz.

St-Ursanne: Der Bischof von Basel erwarb das Städtchen St-Ursanne um das Jahr 1139 und gegen 1210 das Chorherrenstift, um welches sich das Städtchen entwickelt hatte.
Admiral Jean de Vienne (Frankreich, Zumst. 547), Vetter des gleichnamigen Bischofs Jean de Vienne, wurde hier als Herr von Roulans eingesetzt.

☐ Schweiz 1977 40 c (Znr. 589): St-Ursanne von Süden her
☐ Frankreich 1942 1.50+8.50 F (Zumst. 547): Admiral de Vienne
❀ St-Ursanne (K 302, 302a)

Gals: Der Stempel von Gals zeigt die Abtei Johannsen, die einzige Benediktinergründung in der burgundischen Schweiz. Die Abtei wurde grösstenteils vom Bischof von Lausanne, Cuno von Fenis, errichtet und dann von dessen Bruder Burkhart, seinerseits Bischof von Basel, fortgeführt.
❀ Gals (K 93, 1021)

Ettingen: Ettingen trat 1525 ins Burgrecht mit Basel und zur Reformation, kehrte aber schon 1595 zum alten Glauben zurück. Bis 1793 war es dann Teil der Vogtei Birseck des Bistums Basel.
❀ Ettingen (K 977)

Arlesheim: Der Weiler Arlesheim wurde 1239 an den Bischof von Basel verkauft.

⚒ Arlesheim 1985 (M 3.246)
❀ Arlesheim (K 64, 136, 136a, 136b, 136c)

Bettingen: Bettingen gehörte zwar zum Breisgau und Bistum Konstanz, die Bischöfe von Basel besassen aber hier die Gerichtsbarkeit.

❀ Bettingen (K 1114)

Solothurn: Die Ambassadorenstadt ist eng mit dem Bischof und dem Papst verbunden. Von Basel her betrat man die Stadt seit etwa 1504 durch das Baseltor.

□ Schweiz 1960 1.20 Fr (Znr. 370): Baseltor in Solothurn
⊙ Solothurn 10./11.12.1938 (A 244): Briefmarkenausstellung
⊙ Solothurn 1.8.1972 (S 794): Bundesfeier: Baseltor

Balsthal: Hier wurde 1368 Friede geschlossen zwischen Bern und dem Bischof von Basel, 1531 zwischen Solothurn und Basel (Galgenkrieg).

⊙ Balsthal 4.6.1939 (S 204): Sol. Kantonal-Schwingfest
❀ Balsthal (K 27)
❀ Balsthal (K 495)

Der Baselstab

Das Basler Täubchen ist zwar wichtig, aber doch nicht als Wappentier von Basel! Der Baselstab, ein Bischofsstab, einmal nach rechts, einmal nach links gewendet, findet sich im Wappen der Halbkantone Basel-Stadt und Basel-Landschaft. Im Rahmen der internationalen Motivbriefmarkenausstellung TEMBAL '83 gelangte der Baselstab öfters zu philatelistischen Ehren auf Briefmarken des Auslands, da er Bestandteil des Ausstellungs-Logos war. Den Baselstab finden wir auch auf verschiedenen Stempeln, die zum Teil in anderen Abschnitten dieser Publikation erfasst werden.

Bischöfliches Wappen

Das Wappen oder Abzeichen des Bischofs von Basel war der heraldisch nach rechts gekehrte Bischofsstab.
Die Gedenkmarke «700 Jahre Delémont» (Delsberg) stellt einen Brunnen dar, die «Fontaine du sauvage». Die Brunnenfigur hält einen Wappenschild mit dem Bischofsstab.

□ Schweiz 1989 35 c (Znr. 771)

Wappen Basel-Stadt

In Weiss ein nach rechts gekehrter schwarzer Baselstab. Das Wappen von Stadt und Kanton Basel ist ein bischöflicher Krummstab, ehemals Hoheitszeichen des Bistums Basel. Er ist erstmals belegt in den Farben Rot auf Weiss in der Wappenrolle von Zürich, um 1340. Die Stadt Basel übernahm im 14. Jahrhundert das Wappenbild ihres Grundherrn, des Bischofs von Basel, änderte jedoch die Farbe des Stabes von Rot in Schwarz.
Das älteste Basler Stadtbanner wurde durch einen Zufall am 12. Januar 1548 im oberelsässischen Reichenweiler gefunden und nach Basel gebracht. Bis 1862 wurde es im Rathaus verwahrt und dann der mittelalterlichen Sammlung (Historisches Museum) übergeben.[1]
Im Jahre 1976 hat die Bürgergemeinde Basel aus einem Wettbewerb heraus einen neuen, schwarzen, nach rechts gedrehten Baselstab festgelegt. Die Regierung selbst aber hat diesen Vorschlag bislang nicht als amtlich erklärt.[2]
Die Christoph-Merian-Stiftung hatte den Auftrag zu einer historischen Untersuchung über den Baselstab erteilt und schrieb 1976 einen anonymen Projektwettbewerb zur Erlangung von Entwürfen für einen neuen Baselstab aus. Der erstprämierte Entwurf stammte vom Grafiker Edi Hauri. Eine erste handgewirkte Fahne mit dem neuen Baselstab wurde von der Christoph-Merian-Stiftung der Bürgergemeinde Basel anlässlich ihres hundertjährigen Jubiläums überreicht.[3]

---

[1] Basler Almanach, p. 27.
[2] Basler Zeitung Nr. 148 vom 10.8.1982.
[3] Basler Stadtbuch 1977, p. 38–44.

PRO JUVENTUTE 1925
5 15
HELVETIA
70 +30
HELVETIA
PRO PATRIA 1985
PRO PATRIA 1964
20
HELVETIA +10

2800 DELÉMONT 1
12.-3.90--8
CAPITALE DU JURA

LIESTAL
11
NOV

KINDERDORF
PESTALOZZI 1946
BASLERSPENDE

BASEL
21 VIII 48 - 10
IMABA

BASEL
TAG DER BRIEFMARKE 1.XII.1957

1211 GENÈVE
ADMINISTRATION POSTALE DES NATIONS UNIES

BASEL 1-8. Sept
IN BLUMEN

4000 BASEL
JUMELAGE PHILATELIQUE EUROPEEN
23./24.10.65

EVANGELISCHE
STADTMISSION
BASEL
23. Mai 1984

□ Schweiz 1922 5+5 c (PJ 25)
□ Schweiz 1985 70+30 c (PP 209): Trommel mit Basler Wappen
□ Schweiz 1964 20+10 c (PP 120): Doppeldicken aus Basel
□ Schweiz Soldatenmarken Ter. Bat. 127
⊙ Basel 26.3.–5.4.1938 (A 119): Mustermesse, Baselstab und Merkurstab
⊙ Basel 6.–7.6.1942 (S 237): Schweiz. Philatelisten-Kongress Basel
⊙ Basel 1944 (A 339): Mustermesse
⊙ Basel 5.–6.10.1946 (A 396): Baslerspende Kinderdorf Pestalozzi
⊙ Basel 1.–14.3.1948 (S 292): Westfälischer Frieden
⚒ Basel 1948 (M 4.2.13): Westfälischer Frieden
⊙ 21.–29.8.1948 (S 298): IMABA: Baselstab und Brief
⚒ Basel 1956 (M 4.6.35): Basel in Blumen
⊙ Basel 1.12.1957 (S 452): Tag der Briefmarke: Wappenschild
⊙ Basel 5.7.1959 (A 823): Eidg. Turnfest Basel
⊙ 1211 Genève (S 837): UNO an der INTERNABA
⚒ Basel 1969 (M 4.6.106): Dänemark grüsst Basel
⚒ Basel 1976 (M 4.2.137): Bürgergemeinde Basel
⚒ Basel 1985 (M 4.2.242): Freiwillige Akademische Gesellschaft Basel
⚒ Basel 1984 (M 4.2.218): Evangelische Stadtmission: stilisierter Baselstab

Wappen Basel-Landschaft

In Silber ein nach links gekehrter roter Baselstab mit sieben Krabben an der Krücke (gebogener Knauf).

Der 1832 gegründete Kanton Basel-Landschaft übernahm das Wappen des Städtchens Liestal. Am 10. Mai 1832 wurden die Bezirksverwalter angewiesen, dass alle (rechtsgewendeten) Baselstäbe an öffentlichen Gebäuden vertilgt würden. Der in Aussicht gestellte Beschluss für ein neues Wappen erfolgte nie, aber im Amtsblatt vom Januar bis April 1834 erschien erstmals das basellandschaftliche Wappen, ein (heraldisch) nach links gewendeter

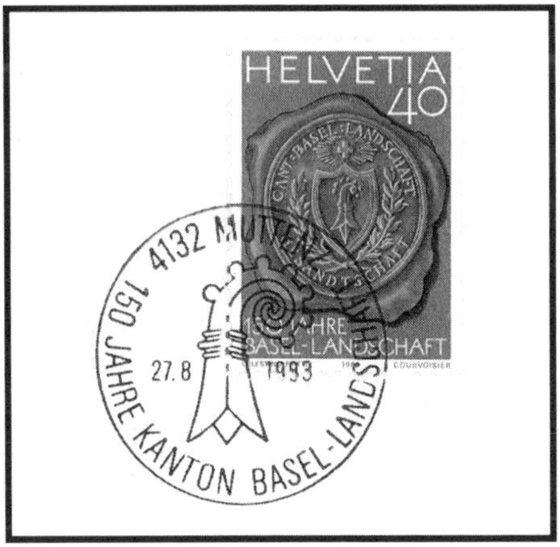

Bischofsstab mit sieben Punkten am gebogenen Knauf. Erst am 9. März 1948 wurde ein Regierungsratsbeschluss erlassen betreffs die Bezeichnung des amtlichen Kantonswappens, des sogenannten «Sibedupfs». Unter «Dupfen» sind die sieben Krabben am Knauf zu verstehen. In diesem Erlass sind auch die Verhältnismasse, bezogen auf die Länge des Mittelbalkens, mit Hilfe eines Diagrammes eindeutig fixiert.

□ Schweiz 1926 10+5 c (PJ 38)
□ Schweiz 1983 40 c (Znr. 700)
□ Schweiz 1979 70+30 c (PP 184): Schloss Pruntrut, daran Wappen mit nach links gekehrtem Baselstab
□ Schweiz Soldatenmarken Ter. Rgt. 76
□ Guyana 1991 Block «700 Jahre Eidgenossenschaft»
⊙ Liestal 1968 (S 688): Wappen
⊙ Rütli 1.8.1982 (S 1100): Bundesfeier
⚒ Liestal 1989 (M 4.2.305): 800 Jahre Liestal
⊙ Basel TEMBAL '83: Das Signet der TEMBAL 83 erscheint in verschiedenen Stempel der an der Börse teilnehmenden Postverwaltungen

STAB TERRITORIAL RGT.
76
Feldpost
TER.RGT.76
AKTIVDIENST 1939
Fourier Pfändler Walter
Bäcker-Kp. 7
F e l d p o s t

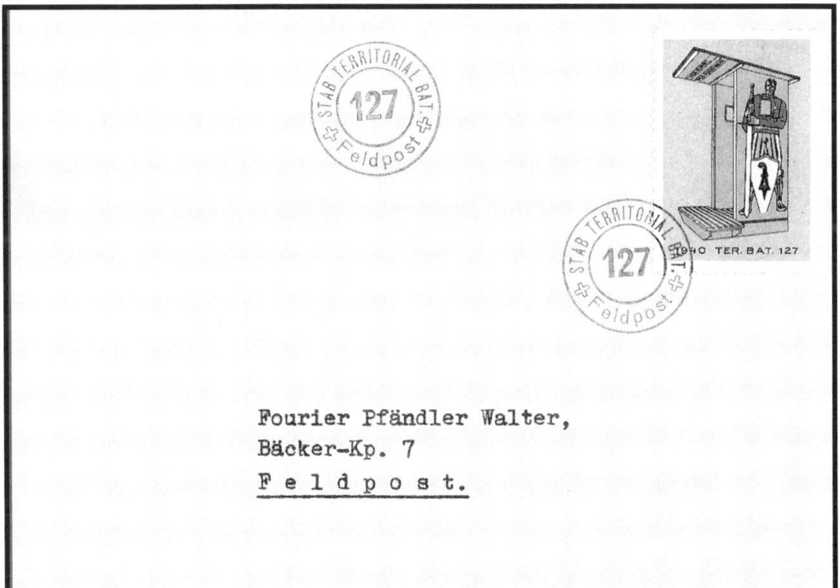
STAB TERRITORIAL BAT.
127
Feldpost
1940 TER. BAT. 127
Fourier Pfändler Walter,
Bäcker-Kp. 7
F e l d p o s t.

Beide Wappen

Die Wappen beider Halbkantone finden sich ebenfalls nebeneinander auf Sonderstempeln.

⊙ Liestal 19.–25.6.1937 (A 48): XI. Kant. Schützenfest beider Basel 1937

⊙ Basel 3.–4.12.1994 Regiophila (Tag der Briefmarke)

Wappen Kanton Jura

Gespalten in Weiss ein roter nach rechts gekehrter Baselstab und von Rot fünffach geteilt.

Der Bischofsstab weist auf die ehemalige Zugehörigkeit zum Bistum Basel hin, während die sieben Balken in der linken Wappenhälfte die sieben Bezirke Porrentruy, Franches-Montagnes, Delémont, Laufen, Moutier, Courtelary und La Neuveville darstellen, die historisch zum Jura gehören. In Wirklichkeit umfasst der heutige Kanton nur die Bezirke Porrentruy, Franches-Montagnes und Delémont.

☐ Schweiz 1978 40 c (Znr. 621)

☐ Guyana 1991 Block «700 Jahre Eidgenossenschaft»

⊙ Delémont 9.–10.9.1972 (A 1240): 25e Fête du Peuple Jurassien

Die Universität

Die Gründung der Universität ist eng verbunden mit der Geschichte von Basel und mit dem Konzil von Basel 1431–1448. Die vielen im Gefolge der Kirchenmänner anwesenden Fremden waren durch die Konzilsarbeiten nicht vollständig in Anspruch genommen. Zur nutzbringenden Ausfüllung ihrer freien Zeit wurde ein Collegium generale gebildet. Auf bescheidener Grundlage gab es bereits 1432 eine Hohe Schule, die aber mit Beendigung des Konzils verschwand. Auf Wunsch verschiedener Bürger erfolgte dann 1460 die Gründung einer Bürgeruniversität.
Heute ist es keine Selbstverständlichkeit mehr, dass ein kleiner Kanton wie Basel-Stadt eine eigene Universität, übrigens die älteste der Schweiz, besitzt, wie die angedrohte Schliessung des Pharmazeutischen Instituts bewiesen hat. Basel hat in verschiedenen Fakultäten bedeutsame Frauen und Männer hervorgebracht, die nur in bescheidenem Masse philatelistisch belegbar sind. Die folgenden Kapitel berichten darüber. Folgende Fakultäten bestehen in Basel: Theologie, Jurisprudenz, Medizin, Philosophisch-Historische Fakultät, Naturwissenschaften. Es gibt darüber hinaus ein paar wenige Belege, die sich auf die Universität im allgemeinen beziehen. Seit 400 Jahren besteht in Basel ein Humanistisches Gymnasium, welches die Grundausbildung für den Besuch der Universität vermittelt. Im Jahre 1836 wurde überdies als sechzehnte Zunft in Basel die Akademische Zunft gegründet. Im April 1890

immatrikulierte sich Emilie Frey als erste Frau an der Universität Basel. Als eine der letzten Hochschulen Europas und als zweitletzte der Schweiz musste Basel dem Druck der Öffentlichkeit und der Regierung nachgeben und einer provisorischen Einführung des Frauenstudiums zustimmen. Bis 1900 immatrikulierten sich in Basel vier Frauen, die alle Medizin studierten.[1]

□ Schweiz 1960 20 c (Znr. 352): Zepter und Gründungsurkunde
⊙ Basel 29.6.–2.7.1960 (A 849): Fünfhundertjahrfeier
⚒ Basel 1960 (M 4.2.56)
⚒ Basel 1989 (M 4.2.309): 400 Jahre Humanistisches Gymnasium

Freiwillige Akademische Gesellschaft

Bei der Kantonsteilung 1832 konnte der Kanton Basel-Stadt mit einer Zahlung von 330 000 Franken erreichen, dass die Universität und ihre Sammlungen ungeteilt der Stadt verblieben. Die Existenz der Universität, die damals nur von etwa vierzig Studenten besucht wurde, war in Frage gestellt, doch sie blieb mit harten Sparmassnahmen am Leben. 1835 erliessen vier prominente Basler einen Aufruf zur Bildung einer «Freiwilligen Akademischen Gesellschaft». Innert 15 Jahren äufneten ihre bald hundert Mitglieder ein Vermögen von 50 000 Franken, dessen Erträge hervorragenden Gelehrten und wissenschaftlichen Anstalten zugute kamen.[2] Heute verwaltet die FAG zahlreiche Stiftungen und kann so jährlich bedeutende Stipendien ausrichten.

⚒ Basel 1985 (M 4.2.242): 150 Jahre FAG

Studentenschaft

Studenten gehören zu der Universität ebensosehr wie die Professoren und übrigen Dozenten. Studenten gruppierten sich von alters her in sogenannten Verbindungen. Seit über siebzig Jahren sind die Studenten gesamthaft in der Studentenschaft Basel organisiert.

⚒ Basel 1985 (M 4.2.85): 50 Jahre Studentenschaft

---

[1] Basler Stadtbuch 1990, Claudia Spinelli, p. 148–151.
[2] Basler Geschichte, René Teutenberg, p. 318.

Ton und Schrift

Früheste Nachricht über Musik in Basel vermittelt die Kirche durch Anordnungen über Hebung des Kirchengesangs und durch Einführung der Münsterorgel an Pfingsten 1303. Grosse Musikfeste fanden bereits 1820 und 1840 statt, ein Eidgenössisches Sängerfest 1893. Die Allgemeine Musikschule wurde 1867 gegründet. Mit Briefmarken lässt sich die Musik in Basel nicht belegen, aber es gibt Stempel zu Gesangfesten, so etwa 1935 einen Sonderstempel zum Eidgenössischen Sängerfest in Basel, zum Kantonalen Gesangfest in Aesch, 1954 zum Tonkünstlerfest und zum Eidgenössischen Tambourenfest sowie etwas zahlreicher zu Freilichtaufführungen. 1970 gab es dann das Weltmusikfest, 1982 wieder ein Gesangfest und 1984 einen Maschinenstempel für die Polizeimusik. Eine Postwerbeflagge wirbt für Basel mit dem Text «Basel da capo», unterlegt mit Notenlinien und einem Notenschlüssel in Form eines Baselstabes.

Basel 1943 (M 4.4.20): Basler Kunst- und Musikwochen
Basel ab 1984 (M 4.3.239): Basel da capo

Stadttheater Basel

1829 erhielt Melchior Berri den Auftrag, ein neues Theater zu planen, das 1832 vollendet, aber erst am 6. Oktober 1834 eröffnet wurde. 1875 wurde das zweite Theater eröffnet, welches 1904 einem Brand zum Opfer fiel. Das dritte Theater wurde 1909 seiner Bestimmung übergeben. Das heutige Theatergebäude wurde am 3. Oktober 1975 eingeweiht.
Zwischen Kunsthalle und Theater befindet sich der Tinguely-Brunnen.

Basel 1984: Basler Theater 150 Jahre

Freilichtaufführungen

Verschiedentlich hat es in Basel Freilichtaufführungen gegeben, für welche mit einer Postwerbeflagge geworben wurde. Es gab sowohl musikalische wie auch theatralische Darbietungen an unterschiedlichen Aufführungsorten. Die Tradition wurde in den letzten Jahren in Brüglingen wiederaufgenommen, jedoch philatelistisch nicht belegbar.

⚒ Basel 1953 (M 4.4.57): Ein Sommernachtstraum
⚒ Basel 1961 (M 4.4.103): Zigeunerbaron
⚒ Basel 1962 (M 4.4.110): Vogelhändler
⚒ Basel 1963 (M 4.4.118): Im weissen Rössl
⚒ Basel 1964 (M 4.4.128): Land des Lächelns

⚒ Basel 1954 (M 4.4.64): Goethe: Faust
⚒ Basel 1955 (M 4.4.72): Schiller: Jungfrau von Orleans
⚒ Basel 1956 (M 4.4.74): Molière: Tartuffe
⚒ Basel 1957 (M 4.4.79): Katharina Knie
⚒ Basel 1958 (M 4.4.87): Das Salzburger Grosse Welttheater
⚒ Basel 1961 (M 4.4.105): Jedermann
⚒ Basel 1962 (M 4.4.113): Sommernachtstraum
⚒ Basel 1963 (M 4.4.120): Basler Freilichtspiele: Tell
⚒ Basel 1964 (M 4.4.132): Der Widerspenstigen Zähmung
⚒ Basel 1965 (M 4.4.137): Käthchen von Heilbronn
⚒ Basel 1967 (M 4.4.145): Egmont
⚒ Basel 1968 (M 4.4.149): Der Geizige

Rheinknie-Session

Die ursprünglich als reine Jazzveranstaltung konzipierte «Rheinknie-Session» hat sich als kulturelle Grossveranstaltung konzipiert und sich in andere Bereiche geöffnet. Es gehört zu der Unternehmensphilosophie dieser Veranstaltung, das Konzept von Jahr zu Jahr neu zu überdenken. So kam beispielsweise 1994 eine Tango-Session dazu, die Bereiche Latin und Blues werden berücksichtigt, ebenfalls wurde ein Musical aufgenommen, und die Zusammenarbeit mit dem Basler Ballett wurde verstärkt.
Wiederholt wurde eine Postwerbeflagge eingesetzt mit gleichbleibendem Motiv.

⚒ Basel 1992 (M 4.4.275, 4.4.281 u.a.)

Gesangfeste, Musikfeste

⚒ Basel 1935 (M 4.4.8): XXV. Eidgenössisches Sängerfest
⊙ Basel 2.7.1935 (S 164): 25. Eidg. Sängerfest
⊙ Aesch 5.–6.6.1937 (A 36): IV. Kant. Gesangfest beider Basel
⚒ Basel 1982 (M 4.4.199): Schweiz. Gesangfest Basel
⚒ Basel 1937 (M 4.4.10): Schweizerisches Tonkünstlerfest
⚒ Basel 1954 (M 4.4.59): Schweizerisches Tonkünstlerfest
⚒ Basel 1970 (M 4.4.154): Weltmusikfest der Internationalen Gesellschaft für neue Musik
⚒ Basel 1984 (M 4.4.214): 10. Schweiz. Polizeimusiktreffen
⚒ Basel 1954 (M 4.4.62): 11. Eidg. Tambourenfest

XXV. EIDGEN.
SÄNGERFEST
BASEL 1935
29. JUNI - 9. JULI

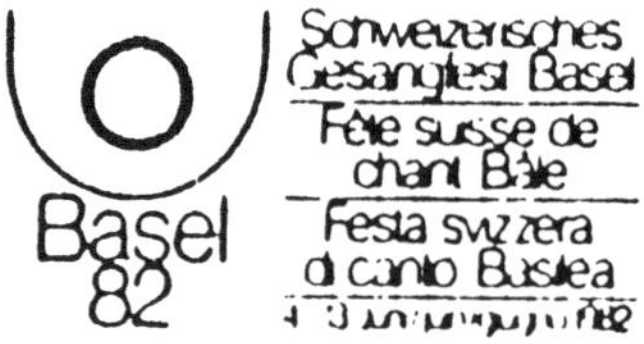
Basel
82
Schweizerisches
Gesangfest Basel
Fête suisse de
chant Bâle
Festa svizzera
di canto Basilea

SCHWEIZERISCHES
TONKÜNSTLERFEST
BASEL
28.-30. Mai 1937

SCHWEIZERISCHES
TONKÜNSTLERFEST
BASEL
11.-13. JUNI 1954

Weltmusikfest
der Internationalen
Gesellschaft für
Neue Musik
Basel 19.–26.6.70

11. Eidg.
Tambourenfest
mit internat.
Beteiligung
Basel 9.-11. VII. 54

Schrift und Druck

An dieser Stelle wollen wir auch auf die Bedeutung Basels als Druckereistadt hinweisen. Bereits seit dem Jahr 1433 wurde in St. Alban Papier hergestellt, und ab 1462 wurde Basel eine Druckerstadt.[1] 1488 gründete der von Langendorf bei Hammelburg in Franken nach Basel zugewanderte Johannes Petri das Verlags- und Druckereihaus Schwabe. Manch berühmtes Werk wurde in Basel gedruckt, so das Anatomiewerk von Vesalius (siehe unter Medizin) und andere wissenschaftliche Publikationen aus jener Zeit. Die Marke Andorra Zumst. 230 (1992 45 P) zeigt «Ferdinand den Katholischen» aus dem 1494 in Basel gedruckten Werk «Fernandus rex Hispaniae». Ein Holzschnitt in der Newberry Library in Chicago, gedruckt 1493 in Basel, bringt eine Karte mit den Entdeckungen von Kolumbus sowie zwei Schiffe (Marke Senegal 1992 500 F). Es handelt sich dabei um Holzschnitte aus dem «Basler Columbusbrief». In nur zehn Jahren nach der ersten Reise von Kolumbus erschienen in Basel mehr Werke über die Entdeckungen als in Spanien.[2] Im Jahre 1772 hat sich dann der Basler Schriftgiesser Wilhelm Haas als Erfinder der eisernen Buchdruckerpresse verdient gemacht. Zuvor bestanden solche Pressen aus Holz; durch Schwinden oder Schwellen des Holzes wurde die Werkgenauigkeit erschwert.[3] Die Haas'sche Schriftgiesserei AG in Münchenstein ist überdies die älteste Schriftgiesserei der Welt, ihre Geschichte reicht bis ins 16. Jahrhundert zurück.[4]

□ Andorra 1992 45 P (Zumst. 230)

Der Basler Columbusbrief: Auf dem Rückweg von seiner ersten Entdeckungsreise geriet Kolumbus im Februar 1493 in orkanartige Stürme, die ihn Schlimmstes befürchten liessen. So schrieb er einen Bericht über seine Entdeckungen auf Pergament. Dieser erste Bericht ist wahrscheinlich verlorengegangen, es folgten aber mehrere Abschriften. 1493 fertigte Leandro di Cosco in Rom eine lateinische Übersetzung des Berichts an, der von Eucharius Silber und Stephan Planck gedruckt und verbreitet wurde. Einen Monat später wurde er in Basel nachgedruckt und mit Illustrationen versehen. Ein gut erhaltenes Exemplar dieses Basler Columbusbriefes befindet sich in der Universitätsbibliothek Basel.[5] Besonders interessant sind die zeitgenössischen Holzschnitte mit verschiedenen Darstellungen, wovon ein paar auf Briefmarken wiedergegeben sind.

---

[1] Der Kanton Basel-Stadt, Pierre Felber, CM Verlag, Basel 1991, p. 203.
[2] Basler Stadtbuch 1992, p. 16–24.
[3] Schaffendes Basel, 2000 Jahre Basler Wirtschaft, Birkhäuser 1957, p. 100.
[4] Basler Stadtbuch 1980, p. 181–184.
[5] Basler Stadtbuch 1992, Fritz K. Mathys, p. 22–24.

☐ Qatar 1967 2 c (Mi. 324): «Santa Maria» von Kolumbus
☐ Brit. Virgin Is. 1970 1 c (Mi. 203): «Santa Maria» von Kolumbus
☐ Haiti 1954 50 c (Mi. 438–439): Hispanola
☐ Haiti 1970 3 c und 5 c (Mi. 1138–1139): Hispanola
☐ Senegal 1992 500 F: drei Holzschnitte aus dem Columbusbrief

Bären-Bibel: Auch zwei Marken von Chile (Mi. 710–711) aus dem Jahre 1969 weisen möglicherweise auf Basel hin. Sie erschienen anlässlich des 400. Jahrestages der Bibelübersetzung ins Spanische und zeigen die sogenannte «Bären-Bibel» mit dem Druckerzeichen der Berner Druckerfamilie Apiarius. Diese erste spanische Bibelübersetzung verfasste Casiodoro de Reina aus Sevilla. Für den Druck wurden 1567 Verhandlungen mit dem Basler Drucker Johannes Oporin geführt, und Reina siedelte mit seiner Familie von Frankfurt nach Basel. Im Juli 1568 starb indessen Oporin, und der Druckauftrag ging an Thomas Guarin. 1590 befand sich Samuel Apiarius aus Bern

☐ Chile 1969 40 c und 1 E (Mi. 710–711)

in Basel und arbeitete vermutlich als Lohndrucker für Guarin, und wohl auf diesem Wege ist der Apiarius-Bär in die in Basel gedruckte Bibel gekommen.[6]

Erasmus von Rotterdam

Eigentlich Desiderius Erasmus. Geboren 27. Oktober 1469 in Rotterdam, gestorben 12. Juli 1536 in Basel. Niederländischer Humanist und Theologe. Bedeutendster Vertreter des europäischen Humanismus. Ausbildung bei den Brüdern vom gemeinsamen Leben in Deventer und Hertogenbosch. Zwischen 1486 und 1488 Eintritt in das Augustiner-Chorherrenstift Steyn bei Gouda, seit 1491 Sekretär des Bischofs von Cambrai. 1492 Priesterweihe, danach Studium an der Universität Paris. Abkehr vom scholastischen und monastischen Denken. Aufenthalte in England, Italien. 1506 Promotion zum Doktor der Theologie. 1513 und 1521 Aufenthalt in Basel, 1521–1524 in den Niederlanden, 1524 erneut in Basel. 1529 nach Freiburg i.Br. und 1535 zurück nach Basel, wo er schliesslich starb.

- □ Belgien 1967 1 F+50 c und 2+1 F (Zumst. 1575–1576): Ausschnitt aus der «Lobrede auf die Torheit» von Erasmus
- □ Belgien 1967 3+1.40 F (Zumst. 1577): «Erasmus», Gemälde von Quentin Metzijs
- □ Niederlande 1936 $12^1/_2$ c (Zumst. 300): Erasmus, Gemälde von Hans Holbein
- □ Niederlande 25 c (Zumst. 946): Porträt
- □ Togo 198• 80 F (Mi. •••): Erasmus von Rotterdam, Gemälde von Holbein
- ⊙ Anderlecht (Belgien) 2.9.1987: Sonderstempel «Erasmushuis – Maison d'Erasme»
- ✂ Basel 5.6.1986–13.7. 1986 (M 4.1.846): Historisches Museum Basel

Johann Peter Hebel

Der Dichter J. P. Hebel ist mit Basel durch seine Knabenzeit eng verknüpft. Er wirkte bahnbrechend, indem er den Mut hatte, sich der heimischen Mundart zu bedienen. Ihm zu Gedenken lief 1985 in Basel ein ansprechen-

[6] R. Berberat in Thema International Nr. 65/1988, p. 11–12.

der Maschinenstempel; ein Sonderstempel aus Lörrach vom 20. Mai 1949 zeigt sein Porträt anlässlich der «Hebel-Woche».[7]

⊙ Lörrach 20.5.1949: Sonderstempel Hebel-Woche: Porträt
⊙ Basel 1985 (M 4.2.237): 225. Geburtstag

Georg F. Herwegh

1975 gedachte ein Maschinenstempel in Liestal des Freiheitsdichters Georg Friedrich Herwegh (1817–1875). Er wurde am 31. Mai 1817 in Stuttgart geboren, entfloh 1839 dem Militärdienst in die Schweiz, um 1842 nach Deutschland zurückzukehren. Ein heftiges an den König gerichtetes Schreiben hatte seine Ausweisung aus Berlin zur Folge. 1843 begab sich Herwegh nach Zürich, wo ihm aber die Niederlassung verweigert wurde. Kurz darauf erhielt er das Ehrenbürgerrecht von Baselland. 1843 gab er «21 Bogen aus der Schweiz» heraus. Er starb am 7. April 1875 in Lichtental (Deutschland), wurde aber in Liestal begraben, wo er 1904 ein Denkmal erhielt.

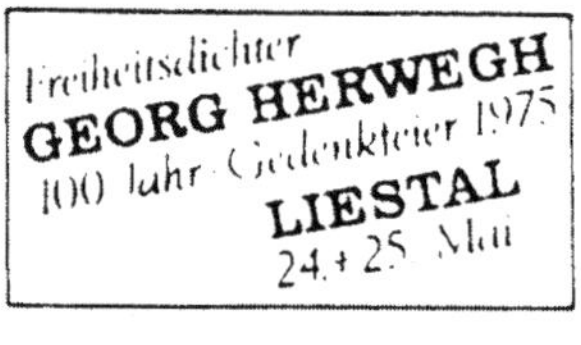

Liestal 1975 (M 4.2.133)

Curt Goetz

Geboren 17. November 1888 in Berlin, gestorben 12. September 1960 in Westberlin. Sohn eines nach Binningen BL zuständigen Schweizers und einer Deutschen.
Goetz wuchs in Halle auf und wurde Schauspieler, 1907–1909 in Rostock, 1909–1911 in Nürnberg, dann in Berlin. 1928 heiratete er die Wiener Schauspielerin Valérie van Martens, mit der er 1928 ein eigenes Tournee-Ensemble gründete. Von 1930 bis 1939 wohnten die beiden in Merligen am Thunersee.

[7] Hist. II, 14.

1939 Auswanderung nach Hollywood. Am 21. Oktober 1946 stand Goetz zum erstenmal wieder auf einer europäischen Bühne, im Zürcher Schauspielhaus. 1951 nahm das Ehepaar in Liechtenstein Wohnsitz, von wo aus Curt Goetz 1958 zum letztenmal auf Tournee ging, bereits leidend. Goetz wurde in Berlin in einem Ehrengrab beigesetzt. Die Gemeinde Binningen, Kanton Basel-Landschaft, ernannte Goetz zum Ehrenbürger.

☐ Liechtenstein 1984 1 Fr (Zumst. 781)

Hermann Hesse

Geboren 2. Juli 1877 in Calw, Württemberg, gestorben 9. August 1962 in Montagnola bei Lugano.
Sohn einer protestantischen Missionarsfamilie (Mutter war eine schweizerische Missionarstochter). Von den Eltern zur theologischen Laufbahn bestimmt, floh er vierzehnjährig aus dem evangelischen Seminar Maulbronn, weil er «entweder Dichter oder gar nichts» werden wollte. Nach einjähriger Mechanikerlehre liess er sich in Tübingen und 1900 in Basel als Buchhändler ausbilden. Sein erster erfolgreicher Roman, «Peter Camenzind» (1904), ermöglichte es ihm, sich als «freier Schriftsteller» in Gaienhofen am Bodensee niederzulassen. Nach einer Indienreise übersiedelte Hesse 1912 mit seiner Familie in die Schweiz, wo er bis 1919 in Bern, dann bis zu seinem Tode im Tessin lebte.
1924 nahm Hesse wieder die schweizerische Staatsbürgerschaft an, die er zwölfjährig, seiner Ausbildung in Deutschland wegen, hatte aufgeben müssen.

☐ BRD 1978 50 Pf (Zumst. 969)
☐ Liechtenstein 1981 1 Fr (Zumst. 726)
☐ Schweiz 1979 70 c (Znr. 628)

Carl Spitteler

Geboren 24. April 1845 in Liestal, gestorben 29. Dezember 1924 in Luzern. Schweizer Dichter mit dem Pseudonym Carl Felix Tandem.
Sohn eines Staatsbeamten (eidgenössischer Staatskassier und Titelverwalter in Bern). Jugendjahre in Bern. Ging nach Zerwürfnis mit dem Vater 1864 nach Luzern; ab 1865 Jurastudium in Basel, studierte danach evangelische Theologie in Zürich und in Heidelberg.
Aufgrund seiner atheistischen Einstellung verliess Spitteler seine Landpfarrei in Graubünden. 1871–1879 Hauslehrer in Petersburg und in Finnland, danach Lehrer und Journalist in der Schweiz. 1890–1892 Feuilletonredaktor der Neuen Zürcher Zeitung, ab 1892 freier Schriftsteller. 1919 Nobelpreis für Literatur.

□ Schweden 1979 2.50 Kr (Zumst. 1094): Spitteler und Altstadt von Liestal

Basler Zeitung

Am 31. Januar 1977 erschien die erste Nummer der aus dem Zusammenschluss von «National-Zeitung» und «Basler Nachrichten» geschaffenen «Basler Zeitung».

➻ Basel Absenderaufgabestempel der Basler Zeitung (Münster)

Kunst und Kunstgeschichte in Basel

Bedeutende Künstler haben in Basel gewirkt oder stammen aus Basel: Hans Holbein, Urs Graf, Matthäus Merian. Hans Bock hat sich mit der Fassadenmalerei am Rathaus verewigt. Gleichzeitig mit dem bedeutenden Kunstgelehrten Jacob Burckhardt brachte Basel eine der stärksten Malerpersönlichkeiten der Neuzeit hervor: Arnold Böcklin. Basel ist kunstinteressiert und besitzt ein Kunstmuseum von bedeutendem Ruf, das mit ein paar Sonderausstellungen über Cranach (1974), Monet (Seerosen), Picasso internationale Aufmerksamkeit erreichte. Zu erwähnen ist auch die Kunstmesse «ART», die sich philatelistisch mit zahlreichen Postwerbeflaggen belegen lässt.

Kunstmuseum Basel

Die Öffentliche Kunstsammlung, das Kunstmuseum, ist aus dem Amerbach-Kabinett hervorgegangen, gilt als älteste Museumsinstitution der Welt und gehört zu den zehn berühmtesten Kunstsammlungen überhaupt. Diese Sammlung des Rechtsgelehrten Dr. Basilius Amerbach wurde 1662 vom Basler Rat für 9000 Reichstaler erworben. Teile davon befinden sich heute auch im Historischen Museum und in der Universitätsbibliothek. Räumlich davon getrennt sind das Museum für Gegenwartskunst und das Museum für antike Kunst. 1968 wurde mittels einer Volksabstimmung der Ankauf zweier Picasso-Bilder ermöglicht. Das Kunstmuseum selbst wurde 1932–1936 von Rudolf Christ und Paul Bonatz als städtische Gemälde- und Skulpturengalerie erbaut.

Eine Werbeflagge wies auf die Arnold-Böcklin-Ausstellung im Kunstmuseum hin, bei der Illustration handelt es sich um einen Ausschnitt aus dem Gemälde «Meeresstille». Samuel Buri und Fernand Léger waren Mittelpunkt neuerer Ausstellungen, ebenfalls dokumentierbar mit je einer Werbeflagge. Von Léger besitzt das Kunstmuseum mehrere Gemälde.
Von Alexandre Calame, 1810–1864 (PJ 183), befindet sich hier das Gemälde «Urnersee» aus dem Jahre 1849.

⚒ Basel 1994: Ausstellung F. Léger

Mehrere Briefmarken zeigen Gemälde, die sich im Kunstmuseum Basel befinden. Die folgende Liste bringt eine Auswahl, sie erhebt keinen Anspruch auf Vollständigkeit:

– Die Enthauptung Johannes' des Täufers, von Hans Fries
☐ Rwanda 1974 20 F
– Die Kreuzigung Christi, von Mathias Grünewald
☐ Burundi 1973 18 F
– Maria mit Kind zwischen musizierenden Engeln, von Gérard David
☐ Rwanda 1974 50 c und Belgien 1989 13+3 F (Zumst. Nr. 2486)
– Bildnis der Diane de Poitiers, aus der «Schule von Fontainebleau»
☐ Rwanda 1974 20 c
– Wann heiratest Du? (Nafea faa ipoipo?), von Paul Gauguin
☐ Franz. Ozeanien 1953 14 F
– Der Markt (Ta matete), von Paul Gauguin
☐ Franz. Polynesien 1973 200 F und Mongolei 1978 1.50 T
– Auf der Rennstrecke, von Edgar Degas
☐ Dominica 1984 45 c
– Der Dichter und seine Muse, von Henri Rousseau
☐ Vietnam 1994 1000 d
– Kleiner Tisch, von Pablo Picasso
☐ Togo 1988 300 F
– Der «Aficionado», von Picasso
☐ Turks and Caicos Is. 1981 1 $ und Malediven 1974 75 L
– Mädchen an der Seine, von Picasso
☐ Grenada 1981 5 $
– Brot und Obstschale auf einem Tisch, von Picasso
☐ Malediven 1993 5 R
– Mutter und Kind, von Pablo Picasso
☐☐ São Tomé e Principe Kleinbogen

Die Familie Holbein

Hans Holbein der Ältere arbeitete in Augsburg. Seine beiden Söhne Ambrosius und Hans lernten bei ihrem Vater und begaben sich dann nach Basel. Von Hans Holbein d. Ä. gibt es ein Selbstbildnis sowie ein Gemälde «Anbetung durch die Hl. Drei Könige» auf Briefmarken.

☐ BRD 1974 50 Pf (Zumst. 283)
☐ Dahomey 1971 70 F (Mi. 464)

Ambrosius Holbein: Geboren 1493 oder 1494, gestorben nicht vor 1518. Kam 1516 nach Basel und trat hier 1517 in die Malerzunft «zum Himmel» ein. Aufnahme ins Basler Bürgerrecht 1518.

☐ UdSSR 1983 50 K (Zumst. 5299–5300): «Bidnis eines jungen Mannes», von Ambrosius Holbein

Hans Holbein der Jüngere: Geboren 1497 in Augsburg. Gehört zu den bedeutendsten deutschen Künstlern der Dürerzeit. Kam 1515 nach Basel und begab sich 1517 nach Oberitalien, um 1519 erneut nach Basel zu kommen. Eintritt in die Malerzunft «zum Himmel», 1520 Aufnahme ins Basler Bürgerrecht. Er gründete eine eigene Werkstätte und erhielt 1521 vom Rat den

Auftrag, den neuen Ratssaal mit Wandgemälden auszustatten. 1526–1528 besuchte Holbein England, war 1528 wieder in Basel und liess sich 1532 endgültig in London nieder. Dort wurde er Hofmaler König Heinrichs VIII. und starb 1543 an der Pest.

Marken mit Gemälden von Hans Holbein:

- ☐ Deutschland Bi-Zone 1949 10–30 Pf (Zumst. 116–118): «Hermann Hillebrant Wedigh»
- ☐ DDR 1957 15 Pf (Zumst. 407): «Bildnis des Sieur de la Morette»
- ☐ Belgien 1967 1 F+50 c, 2+1 F (Zumst. 1575–1576): Ausschnitt aus dem «Lob der Torheit» von Erasmus von Rotterdam, Randzeichnung von Holbein
- ☐ Belgien 1967 5+2 F (Zumst. 1578): «Familie des Thomas More», Zeichnung

- ☐ Niederlande 1936 12½ c (Zumst. 300): «Erasmus von Rotterdam». Gemalt um 1523. Öl und Tempera/Papier. 37×30,5 cm.
- ☐ Saarland 1954 5 F (Zumst. 348): «Madonna des Basler Bürgermeisters Meyer» (berühmtestes Werk aus Holbeins erster Basler Zeit)
- ☐ Vatikan 1994 700 L (Zumst. 1110): Madonna von Solothurn (Ausschnitt)
- ☐ Vatikan 1994 1000 L (Zumst. 1111): Madonna von Solothurn
- ☐ Vatikan 1994 1500 L (Zumst. 1112): Selbstporträt
- ☐ Kongo Brazzaville 1970 200 F (Mi. 226): «Madonna des Basler Bürgermeisters Meyer»
- ☐ Neufundland 1897 2 c (Mi. 45): «Jean (bzw. Sebastian) Cabot»
- ☐ Neufundland 1897 60 c (Mi. 57): «Heinrich VII.»
- ☐ Obervolta 1968 60 F (Mi. 241): «Anna von Cleve», 1539
- ☐ Obervolta 1970 150 F (Mi. 314): «Christine von Dänemark»
- ☐ Paraguay 1966 0.30 G (Mi. 1669, 1677): «Jane Seymour»
- ☐ Paraguay 1971 0.50 G (Mi. 2245): «Georg Gisze»
- ☐ Togo 1975 80 F: «Erasmus von Rotterdam»
- ☐ Togo 1975 20 F: «Nikolaus Kratzer»

Matthäus Merian

Geboren 1593, gestorben 1650 in Schwalbach. Kupferstecher und Kunstverleger. Schüler Dietrich Meyers in Zürich, später in Strassburg und in Basel tätig. Übernahm 1624 die Leitung des Kunstverlages seines Schwiegervaters de Bry in Frankfurt am Main. Zu seinen besten Arbeiten zählen die Dar-

stellungen von Landschaften aus der Schweiz. Kulturhistorischen Wert besitzen seine Topographien, deren neun erste Bände seine persönliche Mitwirkung aufweisen, und das «Theatrum Europaeum». 1624 erschien seine «Topographia Helvetiae, Rhaetiae et Valesiae». Einer seiner Kupferstiche zeigt das Münster mit der Pfalz, zu sehen auf der Bildpostkarte zur TEMBAL '83. Seine Tochter Maria Sibylla Merian wird mit Marken von Deutschland (□ BRD und Berlin 1987 40 Pf) geehrt.

□ ČSSR 1969 80 H (Zumst. 1762): «Reitkunst», Stich von Matthäus Merian d. Ä.
✉ Schweiz Bildpostkarte 1983 40 c: Basel, Münster mit Pfalz
□ Österreich 1990 5 S (Zumst. 1935): Stadt St. Andrä im Lavanttal, nach einem Stich von Matthäus Merian
□ Österreich 1991 4.50 S (Zumst. 2001) Spittal an der Drau, nach einem Stich von Merian
□ BRD 1987 40 Pf: Sibylla Merian
□ Berlin 1987 40 Pf: Sibylla Merian
□□ Schweiz 1995 80/100/100 c: Basel

Arnold Böcklin

Geboren 16. Oktober 1827, gestorben 18. Januar 1902 in Fiesole. Kunstmaler. Studierte an der Akademie Düsseldorf 1845–1847, reiste dann nach Brüssel, Antwerpen, in die Alpen, nach Genf (Schüler von Calame) und 1848 nach Paris. 1848–1850 war er wieder in Basel, dann folgte ein längerer Aufenthalt in Rom und wiederholt in Basel und in München, 1874–1885 in Florenz, bis 1892 in Zürich und endlich 1892 bis zu seinem Tode in Fiesole.

✂ Basel 1977 (M 4.1.523)

Jacob Burckhardt

Geboren 25. Mai 1818 in Basel, gestorben 8. August 1897 ebenda. Schweizer Kultur- und Kunsthistoriker. Als Sohn einer Basler Pfarrersfamilie studierte Burckhardt anfänglich Theologie in Basel, dann Geschichte und Kunstgeschichte in Berlin und in Bonn. Dissertation (Dr. phil.) über Karl Martell. Er habilitierte sich 1844 in Basel, war hier Dozent bis 1855, zwischenzeitlich auch Redaktor an der Basler Zeitung; 1855–1858 Professor in Zürich, seit 1858 Professor für Geschichte und Kunstgeschichte in Basel. Lehnte 1872 einen Ruf als Nachfolger Rankes ab, trat 1893 von der Professur zurück.

Burckhardt gilt als Mitbegründer der wissenschaftlichen Kunstgeschichte im heutigen Sinn und als Klassiker wissenschaftlicher historischer Prosa.
☐ Schweiz 1947 5+5 c (PJ 121)

Samuel Buri

Geboren in Täuffelen BE, 27. September 1935. 1948 in Basel: Gymnasium, Matura. Besuch der Kunstgewerbeschule Basel 1953–1956, seit 1955 Mitarbeiter im Atelier von H. Stocker. Studienreisen nach Paris und in die Mittelmeerländer. Buri lebte 1959–1971 in Paris, dann im Burgund, seit 1979 in Basel. Nach zunächst gegenständlichen, poetisch akzentuierten Bildern wandte sich Buri in den fünfziger Jahren der abstrakten, tachistischen Malerei zu. Mitte der sechziger Jahre bediente er sich der Mittel der Pop-art für die Darstellung typischer schweizerischer Motive.[1]
⚒ Basel Mai 1994

Meret Oppenheim

Geboren 6. Oktober 1913 in Berlin-Charlottenburg, gestorben 15. November 1985 in Basel. Ihr Vater war ein deutscher Arzt, die Mutter Schweizerin. Ihre Jugendzeit verbrachte Meret in Süddeutschland, im Jura und in Basel. 1931 wandte sie sich der Malerei zu, wurde dabei von zwei Basler Künstlern unterstützt. Sie zog 1932 mit Irene Zurkinden nach Paris, um 1937 nach Basel zurückzukehren. 1949 heiratete sie Wolfgang La Roche und lebte mit ihm in Bern, Thun und Oberhofen. 1975 Kunstpreis der Stadt Basel.
☐ Schweiz 1993 100 c (Znr. 850): «Unter der Regenwolke», Werk von Meret Oppenheim

Kunstwerke in Basel

Ein paar Kunstwerke finden sich auf Briefmarken, die geschaffen wurden entweder von Basler Künstlern oder von Künstlern, die sich in Basel aufgehalten haben. Dazu gehören Skulpturen und Glasfenster.

Glasfenster

«Matrose mit Papagei» von Gian Casty

Gian Casty: Geboren 10. Mai 1914 in Zuoz, gestorben 21. August 1979 in Basel. Lehre als Flachmaler 1930–1933 in Chur. Gewerbeschule Basel 1933–1937. Aufenthalte als Dekorationsmaler in Malmö (Schweden) und Studium 1938/39 in Paris. Er übersprang jeweils das Sommersemester, um seinen Lebensunterhalt zu verdienen.[2]

---

[1] Schweizer Lexikon.
[2] Schweizer Lexikon 1, 831.

«Matrose mit Papagei», Glasgemälde im Gellert-Schulhaus (Emanuel-Büchel-Strasse 15) in Basel. Es ging 1956 aus einem Wettbewerb der Rheinschiffahrtsdirektion hervor und wurde 1957 in der zweiten Bauetappe des Gellert-Schulhauses im ersten Stock plaziert. Höhe 126 cm, Breite 134 cm.

☐ Schweiz 1970 10+10 c (PP 146)

«Architektonische Komposition» von Celestino Piatti

Celestino Piatti: Geboren 5. Januar 1922 in Wangen bei Zürich. Kunstgewerbeschule Zürich 1937. Grafikerlehre 1938–1942 in der Offizin Gebr. Fretz AG, Zürich, anschliessend Militärdienst und Weiterausbildung. Seit 1948 eigenes Atelier in Riehen BS. In den ersten zehn Jahren der selbständigen Tätigkeit entstanden unzählige Arbeiten auf allen Gebieten der Gebrauchsgrafik, der Schwerpunkt lag beim Plakat. Ab 1959 Illustration von Büchern, ab 1961 Gestaltung sämtlicher Buchumschläge des Deutschen Taschenbuch-Verlages. Von 1959 bis 1983 gestaltete Piatti über zwanzig Briefmarken für die Schweiz sowie eine Sondermarke für die Deutsche Bundespost. Er ist auch Mitglied der Begutachtungsjury für die Entwürfe neuer Schweizer Briefmarken.

«Architektonische Komposition», bleiverglastes Glasgemälde, entstanden 1969, etwa 50 cm hoch, in Privatbesitz.

☐ Schweiz 1970 20+10 c (PP 147)

«Stier» von Hans Stocker

Hans Stocker: Geboren 28. Februar 1896 in Basel, gestorben 14. Januar 1983 in Basel. Maler und Glasmaler. Lehre als Kunstschlosser. 1914/15 Gewerbeschullehrer, 1919–1921 in Genf, 1921–1924 in Italien, 1925–1941 in Frankreich, 1941 Rückkehr in die Schweiz. Gilt als einer der bedeutendsten Erneuerer kirchlicher Kunst in der Schweiz. Schuf Glasfenster 1927–1936 zusammen mit O. Starger und Mosaike (1933/34) für die St.-Antonius-Kirche in Basel.[3]

☐ Schweiz 1970 30+10 c (PP 148): «Stier», Ausschnitt aus dem Glasgemälde «Die vier Elemente»

«Der Fuchs» von Kurt Volk

Kurt Volk: Geboren 19. September 1919 in Basel. Lehre als Flachmaler 1934–1937. Besuch der Kunstgewerbeschule Basel 1937–1945. Volk arbeitete jahrelang auf dem erlernten Beruf. Erst spät, unter dem Einfluss seines älteren Freundes, des Glasmalers Charles Hindenlang, ist Volk zum freischaffenden Künstler geworden.
Das Glasgemälde «Der Fuchs», eine Kabinettscheibe, hat Volk im Auftrag eines Jägers als Preisgabe für ein Jagdschiessen ausgeführt. Es befindet sich in Privatbesitz.

☐ Schweiz 1971 30+10 c (PP 152)

[1] Schweizer Lexikon 6, 110.

Skulpturen und Plastiken

Skulptur im 20. Jahrhundert

Im Wenkenhof, einem 1736 erbauten Herrenhaus mit französischem Garten und englischem Park, fand 1980 eine Skulpturenausstellung statt, ursprünglich als Zusatzattraktion zur Grün 80 geplant. Tragende Idee war, die Entstehung der zeitgenössischen Skulptur anhand von Meisterwerken zu zeigen. Durch Vermittlung des Basler Galeristen Ernst Beyeler kam ein Höhenweg der klassischen Moderne von Rodin bis Picasso zustande. Für die Darstellung der unmittelbaren Gegenwart forderten die Veranstalter zehn Künstler auf, im Wenkenpark an Ort und Stelle ein Werk zu schaffen; darunter waren Dennis Oppenheim, Richard Serra, Jean Tinguely.[4]

⚒ Basel 1980 (M 4.1.612)

«Amazone» von Carl Burckhardt

Bronzeplastik von Carl Burckhardt, geschaffen 1923, befindet sich am Ansatz der Mittleren Brücke in Basel. Versuchsweise wurde die Plastik vor dem Neubau des Basler Stadttheaters aufgestellt, dann aber wieder an ihren ursprünglichen Standort zurückgeführt.

Carl Burckhardt: Geboren 13. Januar 1878 in Lindau bei Zürich, gestorben 24. Dezember 1923 in Ligornetto TI. Schweizer Maler, Bildhauer und Kunstschriftsteller.

☐ Schweiz 1974 40 c (Znr. 557): «Amazone»

Werke von Jean Tinguely

Jean Tinguely: Geboren 22. Mai 1925 in Freiburg, gestorben 30. August 1991 in Basel. Schulbesuch in Basel. 1952 Übersiedlung nach Paris. Tinguely kommt vom Neuen Realismus her und ist Hauptvertreter der kinetischen Kunst. Seine Objekte sind meist aus Maschinenteilen kombinierte Plastiken,

[4] Basler Stadtbuch 1980, p. 29–44.

die das Erscheinungsbild verändernde Bewegungen aufgrund elektrischer Impulse ausführen. In Basel entsteht derzeit ein Tinguely-Museum.
«Fasnachtsbrunnen», im Volksmund «Tinguely-Brunnen» genannt. Geschaffen 1977 vom Eisenplastiker Jean Tinguely im Auftrag der Stadt Basel und des Migros-Genossenschaftsbundes. Der Brunnen steht auf dem Theaterplatz und besteht aus neun mobilen Figuren, die mit ihren verschiedenartigen Effekten eine Art modernes Wasserspiel bilden, wird doch nicht nur das Wasser, sondern jede einzelne Figur in Bewegung gesetzt. Der Wasserspiegel befindet sich an der gleichen Stelle wie die Bühne des alten, abgebrochenen Stadttheaters.

- ☐ Schweiz 1988 90 c (Znr. 769): «Métamécanique» von Jean Tinguely
- ☐ Schweiz 1992 50+20 c (W 73): Sportsymbole, unvollendetes Werk von Tinguely
- ☐ Frankreich 1988 5.00 F (Zumst. 2710): «Métamécanique», Gemeinschaftsausgabe Schweiz–Frankreich
- ☐ Liechtenstein 1994 4.00 Fr (Zumst. 1026): «Eloge de la Folie»
- •› Basel 1978: Francostempel des Verkehrsvereins Basel

Briefmarken

Neben Celestino Piatti haben auch andere Grafiker aus Basel Briefmarken entworfen: Herbert Leupin schuf die Briefmarkenserie Liechtenstein 1983 40 c–1.80 Fr (Znr. 773–775): Olympische Winterspiele.

Die Postkarte zur «Basler Taube '95» (Ausgabe 28. November 1994) ist ein Werk des aus Basel stammenden Grafikers G. Zepf, der auch die Stempel für diese Ausstellung entworfen hat.

Nachstehend ein paar weitere Beispiele ohne Anspruch auf Vollständigkeit:
Donald Brun: Znr. 331, 386, 387, 478
Edi Hauri: Znr. 326, 433–434, 469, 503, 518, 578, 652, 710
Burkard Waltenspühl: Znr. 439, 451, 785, 825
Heinz Bürgin: Znr. 550, 593, 625, 805
Hans-Jörg Bolzhauser: Znr. 704
Emil Ruder: Znr. 351
Niklaus Stöcklin: Znr. 318

Medizin und Sozialfürsorge

Zwei Namen prägen dieses Kapitel: Vesalius und Paracelsus. Basel ist eine Stadt der Chemie und Pharmazie, was ein Wechselspiel mit der Medizin ergab. Inzwischen ist Paracelsus diejenige Persönlichkeit mit Bezug auf Basel geworden, die philatelistisch am besten belegbar ist.

Paracelsus

Philippus Theophrastus Bombast von Hohenheim, genannt Paracelsus. Geboren November 1493 in Einsiedeln, gestorben am 24. September 1541 in Salzburg.
Sohn des aus Süddeutschland zugewanderten Arztes Wilhelm von Hohenheim und einer Schweizerin aus der Familie der Ochsner, die zum Benediktinerstift Maria Einsiedeln in einem gewissen Abhängigkeitsverhältnis stand. Nach dem Tode der Mutter übersiedelte Paracelsus mit seinem Vater nach Villach in Kärnten. 1509/10 studierte Paracelsus die «Sieben Freien Künste» in Wien, 1512 Medizin in Ferrara. Es folgten Wanderjahre durch Europa, zum Teil als Feldarzt. 1512 lässt sich Paracelsus in Salzburg als praktischer Arzt nieder, musste aber aus politischen Gründen wegziehen. 1526 Ankunft in Strassburg. 1527 kam er nach Basel und bekleidete hier das Amt des Stadtarztes und hielt auch Vorlesungen an der Universität. Er hielt sich im Hause des Buchdruckers Johannes Frobenius auf, in welchem sich heute das Pharmaziehistorische Museum befindet. Paracelsus geriet in Konflikt mit den Behörden und musste 1528 die Stadt Basel fluchtartig verlassen. 1529 verwendete er in Nürnberg zum erstenmal das Pseudonym Paracelsus (nach dem römischen Autor Aulus Cornelius Celsus). Wiederum folgten Wanderjahre, und 1540, bereits krank, wurde Paracelsus Leibarzt des Fürstbischofs von Salzburg.
Paracelsus gehört zu den ganz grossen Gestalten der Renaissance, er war Arzt, Chirurg, Pharmazeut, Alchemist, Philosoph, Theologe, alles in einem. Er war Mitbegründer der Iatrochemie und reformierte die Medizin des Mittelalters. Anlässlich des 500. Geburtstages hob die Basler Regierung in einer Gedenkfeier den Haftbefehl von 1528 symbolisch auf.

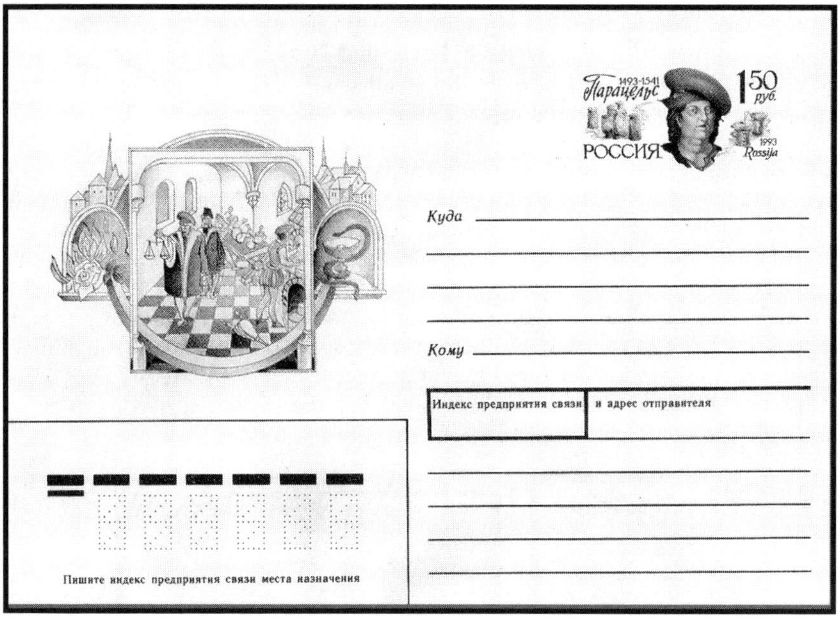

☐ BRD 1949 10+5 Pf (Zumst. 132)
☐ BRD 1993 100 Pf
☐ Österreich 1992 4.50 S
☐ Schweiz 1993 60 c (Znr. 839)

□ Ungarn 1990 3 Ft (Zumst. 4040)
□ Ghana 1994 400 C (Mi. 1464)
⊙ Salzburg 24.9.1941: Porträt
⊙ A–5010 Salzburg 27.9.1991 Briefmarkenwerbeschau: Heilpflanzen, Mörser, alchemistische Zeichen. Inschrift: 1493 Paracelsus 1541 / 400 Jahre Alte f.e. Hofapotheke
⊙ Einsiedeln 24.9.1941, 4.10. und 6.10.1941: Porträt
⚒ Einsiedeln 1993: Porträt, Bürger von Einsiedeln
⊙ A–3822 Karlstein an der Thaya 23.9.1983: Porträt, Blume, Uhr
❀ CH–8847 Egg (K 1226): Porträt, Teufelsbrücke, St.-Meinrad-Kapelle
⚒ A–9500 Villach 1993 (März) Maschinenstempel mit Porträt und Text
⊙ A–9500 Villach 15.5.1993 Sonderstempel «Verleihung des Paracelsus-Ringes»: Wappen von Paracelsus
⊙ D–53111 Bonn 1, 10.11.1993 Ersttagsstempel: Handschrift
⊙ D–70599 Stuttgart 10.11.1993 Ovalstempel: Wappen
●➔ Porto/Marques de Pombal (Portugal) Freistempel der Firma Paracelsia: Schlange (um 1984)
✉ Österreich: Ballonpost
✉ Russland 1993 1.50 R: Porträt, Arzneistandgefässe und Mörser (Wertstempel), alte Apotheke (Nebenillustration)
✉ Schweiz 1993 60 Rp. (Privatzudruck, Auflage 2000 Exemplare)
✉ Schweiz 1983 40 Rp. (Privatzudruck auf TEMBAL-Karte, Auflage 71 Stück)

Leonhard Thurneysser zum Thurn

Geboren 1531 in Basel. Gelernter Goldschmied. 1559–1569 Bergwerksunternehmer im Dienst von Erzherzog Ferdinand in Tirol. 1571–1584 Leibarzt des Kurfürsten Johann Georg von Brandenburg. In Berlin umfangreiche

Tätigkeit als Arzt, Apotheker, Alchemist, Astrolog, Buchdrucker. Thurneysser war ein eifriger Anhänger von Paracelsus, weshalb wir ihn hier aufführen. Er begründete die Mineralwasser-Analyse und verfasste eine «Reise- und Kriegsapotheke». Er starb 1596 in Köln.

✉ Schweiz 1979 40 c: Privatganzsache zum Int. Kongress für Geschichte der Pharmazie Basel

Vesalius

Eigentlich Andreas Wesel. Geboren am 31. Dezember 1514 in Brüssel, gestorben am 15. Oktober 1564 auf der Insel Zante. Medizinstudium in Paris und in Padua. Professor für Chirurgie und Anatomie in Padua, später zu Pisa und Bologna. 1543 liess er in Basel bei Joh. Oporinus sein anatomisches Hauptwerk «De corporis humanis fabrica» drucken. Er überwachte den Druck persönlich und führte daneben die Zergliederung einer Leiche aus. Noch heute besitzt die Anatomische Anstalt in Basel die Überreste des von Vesalius aus jener Leiche gewonnenen Skelettes, des ältesten historisch beglaubigten Anatomiepräparates der Welt.
Vesalius verliess Padua und wurde in Spanien Leibarzt von Kaiser Karl V. 1563 unternahm er eine Pilgerfahrt nach Jerusalem, wobei er auf der Rückreise auf der Insel Zante starb.

□ Belgien 35+5 c (Zumst. 613): Porträt
□ Belgien 1964 50 c (Zumst. 1426): Vesalius und anatomisches Modell
□ Belgien 1992 15 F (Zumst. 2701): Vesalius (450. Jahrestag der Veröffentlichung seines Anatomiewerkes)
□ Ungarn 1989 4 Ft (Zumst. 4041): Vesalius und anatomisches Modell
□ Tunesien 1958 30 F (Mi. 499): Vesalius und Abderrahman Ibn Khaldoun
⊙ Sonderstempel Pecs (Ungarn) 9.10.1981

Carl Gustav Jung

Geboren am 26. Juli 1875 in Kesswil (Kt. Thurgau), gestorben am 6. Juni 1961 in Zürich. Psychoanalytiker. Er studierte Medizin in Basel und in Paris und erwarb 1900 in Basel seinen medizinischen Doktorgrad. Nach seiner Promotion wirkte er an der Psychiatrischen Klinik in Zürich, war Oberarzt und habilitierte 1905. Als Privatdozent hielt er Vorlesungen über Psychoneurosen und Psychologie, bis 1931 die Arbeit in der Privatpraxis in Küsnacht zu gross wurde. 1933 erneut Vorlesungen an der ETH in Zürich, 1944–1946 Ordinarius für medizinische Psychologie in Basel.

□ Schweiz 1978 70 c (Znr. 619)
✉ BRD Privatganzsache 35 Pf der Firma Ducomb

Bürgerspital Basel

Das Bürgerspital Basel ist kurz vor dem Jahr 1265 auf Anordnung des Rats entstanden, nachdem bis anhin die Krankenpflege fast ausschliesslich den Klöstern vorbehalten geblieben war. Das neue Spital erstreckte sich mit seinen Nebengebäuden und der Spitalkirche von den sogenannten Schwellen der Freien Strasse bis zur Barfüsserkirche. Es nahm ausschliesslich Armengenössige auf. Nichtbürger wurden nur ausnahmsweise und gegen Bezahlung in Pflege genommen.[1]

⊙ Basel 11.9.1965 (A 993): 700 Jahre Bürgerspital Basel
□ Schweiz 1926–1944 Portofreiheit Kontrollnummer 502

---

[1] Basel einst und jetzt, p. 40.

Portofreiheitsmarken

Über die Kontrollziffer der Portofreiheitsmarken lassen sich verschiedene Institutionen aus dem sozialen und medizinischen Bereich belegen. Neben dem Bürgerspital gibt es weitere Spitäler, Blinden- und Waisenheime sowie andere Institutionen, die im Zumstein-Spezialkatalog auf Seiten 952–953 aufgelistet sind. Daraus ein paar Beispiele:

Kinderspital Basel 1911–1922 mit der Nummer 216
Kinderspital Basel 1926–1943 mit der Nummer 513
Frauenspital Basel 1926–1944, Nummer 507
St.-Clara-Spital Basel 1929–1944, Nummer 563
Blindenheim Basel 1911–1922 mit Nummer 212

Die Öffentliche Krankenkasse

Die Öffentliche Krankenkasse in Basel hat am 1. Oktober 1914 als erste öffentliche Krankenkasse der Schweiz ihren Betrieb aufgenommen, zur Anpassung der Basler Verhältnisse an das eidgenössische Kranken- und Unfallversicherungsgesetz (KUVG) von 1911. Im selben Jahr wurde auch das Teilobligatorium für Bevölkerungsteile mit Prämienbeitrag eingeführt. Es war damals eine Pionierleistung, dass ein Kanton eine eigene Kasse einrichtete. Die meisten privaten Kassen versicherten nur ein bescheidenes Taggeld. Erst die ÖKK ermöglichte es einem grossen Teil der Bevölkerung, sich für die Kosten der Krankheitsbehandlung zu versichern. Schon 1920 versicherte die ÖKK fünfzig Prozent der kantonalen Bevölkerung, in den dreissiger Jahren waren es hunderttausend Personen. 1940 waren es siebzig, 1960 zweiundsechzig und 1979 vierundfünfzig Prozent. Seither schrumpfte der Mitgliederbestand weiter, weil die Konkurrenz tiefere Prämien anbot. Die Jahresrechnung der ÖKK schloss mit immer grösseren Defiziten ab. 1981 wurden zwei Sanierungsvarianten vorgelegt, unter anderem ein Multifusionsvertrag mit dreizehn Krankenkassen. In einer Volksabstimmung errang die Weiterführung als öffentlich-rechtliche Genossenschaft eine hauchdünne Mehrheit.

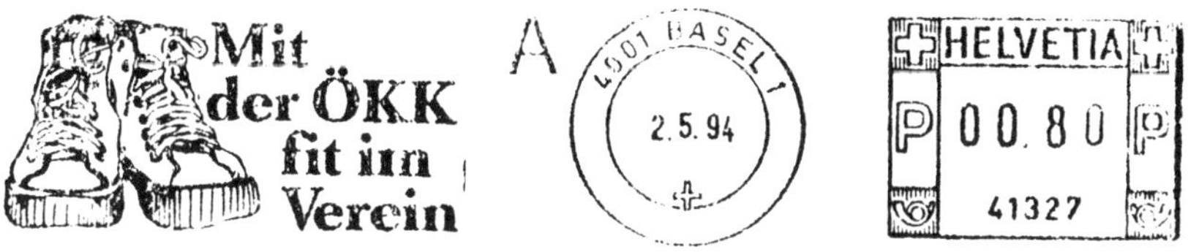

Eine Werbeflagge gedachte 1989 des 75jährigen Jubiläums, daneben verwendet die ÖKK eine eigene Stempelmaschine mit wechselnden Werbeeinsätzen.

⚒ Basel 2 1989 (M 2.327)

➜ Basel: Verschiedene Absenderfreistempel der ÖKK

Schweizerisches Tropeninstitut (STI)

Mit Freistempeln belegbar ist das STI, das 1943 von Prof. Dr. Rudolf Geigy gegründet worden ist und sich heute noch an der Socinstrasse 51 im «Haus zur Föhre» in Basel befindet. Organisation und Tätigkeit des STI sind in einer regierungsrätlichen Verordnung festgelegt. Danach bezweckt das Institut wissenschaftliche Forschung, Lehrtätigkeit, medizinische Tätigkeit und

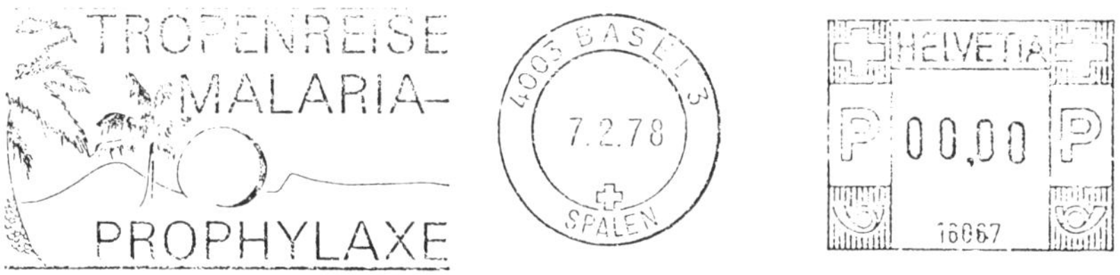

weitere Dienstleistungen sowie Entwicklungszusammenarbeit auf dem Gebiet tropenorientierter Biologie und Medizin. Eine Aussenstelle der Forschung befindet sich in Ifakara (Tansania). Im Vordergrund der Forschungsbemühungen stehen und standen unter anderen die Wurmkrankheiten Onchozerkose (Flussblindheit) und Bilharziose (Pärchenegel-Krankheit), ferner die Afrikanische Schlafkrankheit und Malaria.[2]

- ➞ Basel: Tse-Tse-Fliege (und winziger Baselstab)
- ➞ Basel: Tropenreise Malaria-Prophylaxe
- ➞ Basel 1984: 40 Jahre STI
- ➞ Basel 1994: 50 Jahre STI

Natura

Trotz der enormen Fortschritte der modernen Medizin und Chemie gibt es Strömungen, die zurück zur Natur und zur Naturheilkunde führen. Diesem Trend wird innerhalb der Messe Basel Rechnung getragen, die «Natura» ist auch schon als selbständige Veranstaltung philatelistisch in Erscheinung getreten.

⚒ Basel 1979 (M 4.3.30): Natura 79, internationaler Kongress über praktische und angewandte Naturheilkunde

---

[2] Basler Stadtbuch 1983, Prof. Th. Freyvogel.

Die Natur und ihre Wissenschaften

Paracelsus hatte sich bereits mit der Alchemie befasst und mit Naturbeobachtungen. Zu den exakten Wissenschaften gehört die Mathematik, und diese ist mit Euler und der Familie Bernoulli gut vertreten. Aber auch Botaniker treffen wir an. Den Physiker Auguste Piccard haben wir unter «Flugwesen» vorgestellt.

Zwei berühmte Botaniker

In sechs Generationen hat die Familie Bauhin bedeutende Ärzte und Naturforscher hervorgebracht. Dazu gehören die Brüder Johann (Jean) und Caspar. Auch sie beide befassten sich mit der Medizin, doch galt gleichzeitig ihr Interesse der Botanik. Nur über die nach ihnen benannte Pflanzengattung Bauhinia können wir die Brüder Bauhin philatelistisch belegen.

Johann (Jean) Bauhin (1541–1613)

Studium der Medizin und der Botanik in Basel, von 1560 an in Tübingen bei Leonhard Fuchs, dann in Zürich bei Conrad Gesner. In Montpellier promovierte Jean zum Doktor. Anschliessend besuchte er Oberitalien und gründete 1563 in Lyon einen privaten botanischen Garten. Schliesslich praktizierte er in Yverdon und in Genf, wurde 1566 als Professor der Rhetorik nach Basel, 1570 vom Grafen Friedrich zu Württemberg als Leibarzt nach Mömpelgard (Montbéliard) berufen. Auf den vielen Reisen des Grafen hatte Jean umfassende Gelegenheit zu Studien über Botanik und Heilquellen.

Caspar Bauhin (1560–1624)

Bruder von Jean Bauhin und berühmtester Vertreter seines Namens. Geboren am 17. Januar 1560 zu Basel.
Studium der Botanik und der Anatomie in Basel, von 1577 an in Padua, ging 1579 nach Montpellier, promovierte 1581 in Basel zum Doktor. 1581 führte er unter dem Präsidium von Felix Platter vor siebzig Zuschauern die Sektion einer männlichen Leiche aus, die fünf Tage dauerte. Von da an lehrte er privatim Anatomie und Botanik, zugleich bekleidete er seit 1582 auch die Professur der griechischen Sprache, 1589 die neugeschaffene Professur für Anatomie und Botanik. 1596 wurde Caspar zusammen mit seinem Bruder Leibarzt des Herzogs Friedrich von Württemberg. 1614 rückte Caspar zum Professor der praktischen Medizin in Basel auf, nach dem Tode Platters, und erhielt zugleich das Amt eines Archiaters (Stadtarzt). Er starb am 5. Dezember 1624.

Bauhinia

Die Pflanzengattung Bauhinia gehört zur Unterfamilie der Caesalpinoideae und umfasst über 250 Arten, die über die ganzen Tropen verbreitet sind. Es

sind häufig Lianen mit zerklüfteten, bandartigen Stämmen. Die Blüten sind weiss oder rot, in Trauben angeordnet. Verschiedene Bauhinia-Arten können im Tropenhaus des Botanischen Gartens der Universität Basel an der Schönbeinstrasse 6 bewundert werden.
Eine Bauhinia Thonningii Schumach ist im Sonderstempel der TEMBAL '83 zu sehen. Zahlreiche andere Arten finden sich auf ausländischen Briefmarken.

⊙ Basel 1983, TEMBAL '83: Bauhinia
☐ Argentinien 1982 3000 P (Mi. 1607): Bauhinia candicans
☐ Cook Is. 1967 5 c (Mi. 158): Bauhinia bipinnata; desgl. mit Aufdruck
☐ Aitutaki 1972 5 c (Mi. 35): Ausgabe von Cook Is. mit Aufdruck
☐ Penrhyn 1973 5 c (Mi. 33): Ausgabe von Cook Is. mit Aufdruck
☐ Pitcairn 1983 35 c (Mi. 234): Bauhinia variegata
☐ Hongkong 1968 65 c (Mi. 238): Bauhinia blakeana
☐ Hongkong 1985 1.70 $ (Mi. 472): Bauhinia blakeana
☐ Indien 1981 1 r (Mi. 879): Bauhinia variegata
☐ Kambodscha 1971 3 R (Mi. 303): Bauhinia variegata
☐ Guinea-Bissau 1983 8 P (Mi. 728): Bauhinia variegata
☐ Kongo Brazzaville 1971 (Mi. 275): Bauhinia variegata
☐ Montserrat 1976 15 c (Mi. 345): Bauhinia monandra
☐ Swaziland 1971 3 c (Mi. 183): Bauhinia galpinii
☐ Südwestafrika 1953 2 p (Mi. 275): Bauhinia macrantha
☐ Vietnam Nord 1984 50 xu (Mi. 1417): Bauhinia variegata
☐ Vietnam Nord 1984 8 D (Mi. 1423): Bauhinia grandiflora

Neben diesen Pflanzen trägt auch der Schmetterling Epiphora bauhiniae den Namen dieser berühmten Basler.

☐ Malawi 1970 9 d (Mi.135)

Ein Molekularbiologe

Es kommt vor, dass ein Forscher ein bestimmtes Fach studiert und sich dann in einem andern, vielleicht verwandten Bereich weiterbildet und spezialisiert. Die Naturwissenschaften bilden dafür eine gute Voraussetzung, belegen doch ihre Studenten verschiedene Fächer wie Chemie, Botanik, Physik, Biologie. Professor Arber ist hier zu nennen.

Werner Arber

Geboren 3. Juni 1929 in Gränichen AG. Molekularbiologe. Studium der Naturwissenschaften mit Physik als Hauptfach an der ETH in Zürich. Promotion 1958 an der Universität Genf über Bakteriophagen-Genetik. Die Doktorarbeit betraf die Transduktion des Gal-Charakters von einem Bakterium zum andern mit dem Bakteriophagen als Vektor.

Nach Aufenthalten in den USA begann Arber 1963 in Genf im Universitäts-Laboratorium für Biophysik die Arbeiten über die Restriktionsenzyme, die 1978 mit dem Nobelpreis (zusammen mit D. Nathans und H. Smith) ausgezeichnet wurden. 1971 nahm Arber den Ruf als Professor für molekulare Mikrobiologie ans Biozentrum der Universität Basel an. Er war mitbeteiligt an der Gründung der Schweizerischen Kommission für Biophysik und der Schweizerischen Kommission für Molekularbiologie. Als Rektor der Universität Basel (1986–1988) belebte er den «Regio-Gedanken» (Regio basiliensis), indem er einen grenzüberschreitenden Unterricht in Biotechnologie (Strassburg, Freiburg i.Br., Basel) einführte.[1]

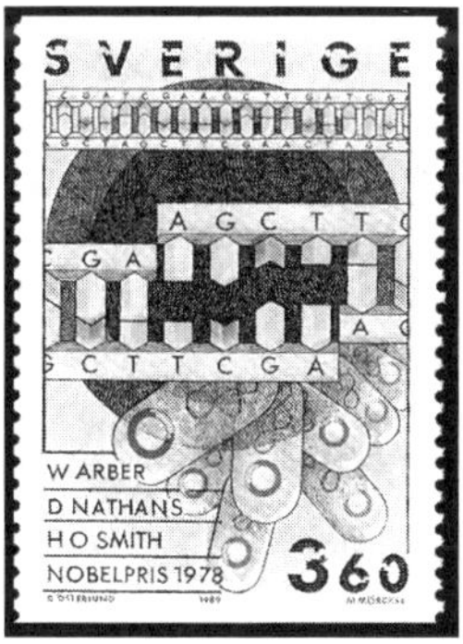

☐ Schweden 1989 3.60 Kr (Zumst.1579): Zerschneiden von DNA-Molekülen mit Restriktionsenzymen

[1] Schweizer Lexikon.

Basels gute Rechner

Zwei Namen aus Basel stehen für Mathematik: Bernoulli und Euler. Sie haben nicht nur in der Schweiz, sondern international grossen Ruhm erlangt, es erstaunt deshalb nicht, dass auch ausländische Wertzeichen die beiden Gelehrten ehren.

Jakob Bernoulli

Geehrt wird mit einer russischen Ganzsache und einer schweizerischen Briefmarke Jakob Bernoulli (1654–1705), Professor der Mathematik. Er war der Sohn des Ratsherrn Nikolaus Bernoulli (1623–1708). Jakob selbst war kinderlos, aber seine beiden Brüder Nikolaus (Maler) und Johann (ebenfalls Mathematiker) setzten die Dynastie fort; in der nächsten Generation gab es gleich vier Mathematiker, in der übernächsten finden wir einen Astronomen, einen Beamten und einen Mathematiker.
Jakob Bernoulli studierte zuerst Theologie, legte sein Examen im Jahre 1676 ab und begab sich anschliessend auf Reisen. Er trat mit den bedeutendsten Mathematikern in Verbindung und eröffnete nach seiner Rückkehr 1682 in Basel Vorlesungen über Experimentalphysik. 1687 wurde ihm die Professur für Mathematik übertragen.
Zusammen mit seinem Bruder Johann trug er entscheidend zur Verbreitung und Erweiterung der Infinitesimalrechnung bei. Seine bedeutendste Leistung war der Aufbau einer umfassenden Wahrscheinlichkeitslehre in seinem Werk «ars conjectandi» (Vermutungskunst), in der er das Gesetz der grossen Zahl formuliert hat. Dieses Gesetz ist von grosser Bedeutung in der mathematischen Statistik: Mit Beobachtungen (Stichproben) kann die Wirklichkeit beliebig genau erfasst werden. Bei der Behandlung von Differentialgleichungen fand er auch die Lösung der nach ihm benannten Bernoullischen Differentialgleichung.

□ Schweiz 1994 80 c (Znr. 857)
✉ UdSSR 1986 Ganzsachenumschlag zum 1. Weltkongress der Gesellschaft für mathematische Statistik und Relativitätstheorie nach Bernoulli, Taschkent 1986. Die Formel zeigt das Gesetz der grossen Zahl
⊙ Taschkent 14.9.1986 Sonderstempel zum obenerwähnten Kongress

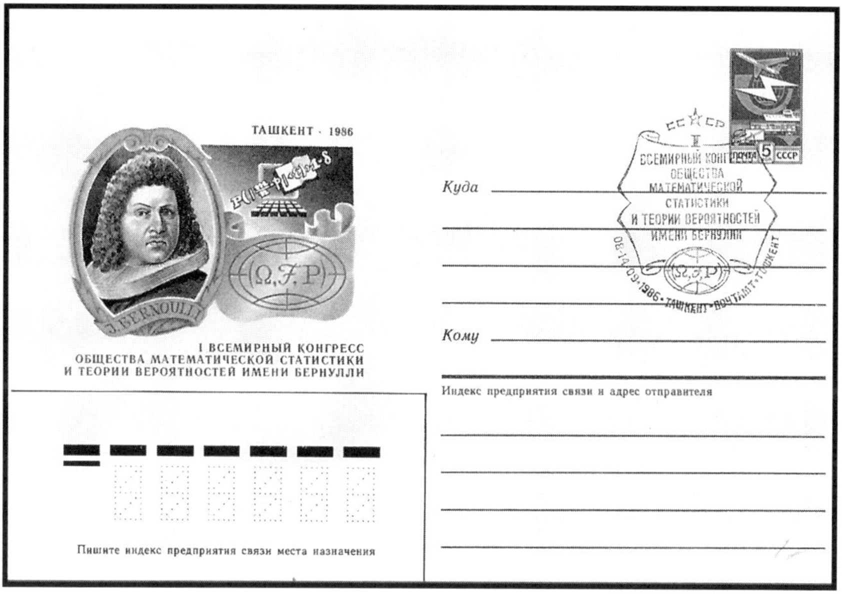

Leonhard Euler

Nicht weniger berühmt wurde Leonhard Euler, und dieser Ruhm brachte auch ihm ausländische Briefmarkenehren ein, bevor es zur Ausgabe einer schweizerischen Sondermarke kam. Euler wurde am 15. April 1707 in Basel geboren. Auch er studierte zunächst Theologie, wandte sich dann aber ganz

der Mathematik zu. Er war befreundet mit den Söhnen von Johann Bernoulli (1667–1748) und nahm bei diesen Unterricht. Johann Bernoulli war der Bruder des vorgängig erwähnten Jakob Bernoulli. Dank der Vermittlung der Bernoullis erfolgte Eulers Berufung 1727 an die Akademie in St. Petersburg. Dort wurde er 1730 Professor der Physik, 1733 der Mathematik. 1741 folgte Euler einem Ruf Friedrichs II. an die Akademie der Wissenschaften in

Berlin, wo er 1744 Direktor der mathematischen Klasse der Akademie wurde. Er legte unter anderem die theoretischen Grundlagen der Wasserturbinen vor. Euler kehrte 1766 nach Petersburg zurück, wo er kurz darauf erblindete. Trotzdem setzte er seine wissenschaftliche Tätigkeit fort und hinterliess bei seinem Tode weit über 800 Abhandlungen und Werke.

☐ Schweiz 1957 5+5 c (PJ 168)
☐ DDR 1950 1 Pf (Zumst. 96)
☐ DDR 1957 10 Pf (Zumst. 385)
☐ DDR 1983 20 Pf (Zumst. 2656): Eulerscher Polyeder
☐ UdSSR 1957 40 K (Zumst. 1928)
⊙ Basel 14.–15.12.1957 Pro Juventute (A787)
⚒ Basel 1.12.1957–31.1.1958 (M 4.2.48)
⊙ Zürich 15.12.1957: Schweiz. Automobilpostbüro Nr. 3

Chemie und Pharmazie

Die pharmazeutische Chemie stellt nicht nur für Basel, sondern für die gesamtschweizerische Wirtschaft einen bedeutenden Lebensnerv dar. Neben den drei Grossfirmen Ciba (inklusive Geigy), Sandoz-Wander und Roche gibt es eine beträchtliche Zahl von kleineren Firmen. Mit Briefmarken lässt sich die Basler Chemie nicht direkt belegen, dafür aber mit den Freistempeln dieser Firmen wie auch ihrer Tochtergesellschaften. Vorab sei aber das Postamt Basel 4032 Roche erwähnt, das sich innerhalb des Geländes der Firma Hoffmann La Roche befindet und ein Unikum darstellt.
Neben den Grossfirmen treten oder traten weitere pharmazeutischen Firmen mit eigenen Frankostempeln in Erscheinung.
1987 feierte der Baselstädtische Apotheker-Verband sein 125jähriges Jubiläum, eine Werbeflagge sowie eine Privatganzsache mit Darstellung eines Albarellos aus dem Pharmaziehistorischen Museum erinnern daran.

Ciba

Seit 1859 bestand in Basel ein Betrieb für Teerfarbenfabrikation, aus welchem 1884 die Gesellschaft für Chemische Industrie in Basel entstand. Die Abkürzung Ciba, schon früh als Markenzeichen benutzt, wurde aber erst 1945 Bestandteil der offiziellen Firmenbezeichnung. Die Firma entwickelte seit 1889 auch Pharmaspezialitäten, seit 1928 Textil- und Veredelungsprodukte, seit 1933 Kunststoffe, seit 1954 Schädlingsbekämpfungsmittel, Far-

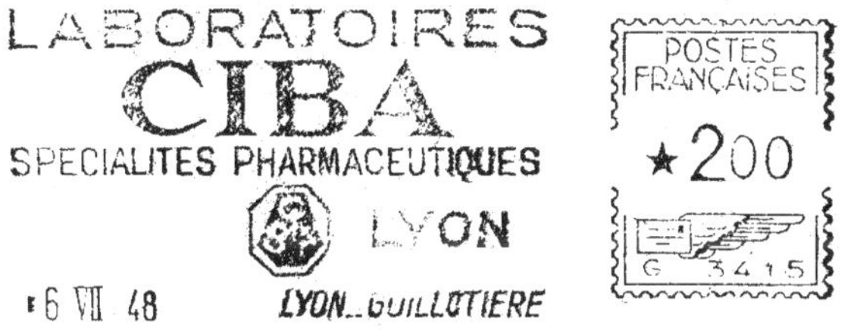

ben-Foto-Chemikalien seit 1958. 1970 fusionierte die Ciba mit der J.R. Geigy AG unter dem Namen Ciba-Geigy AG, um 1993 zum Namen Ciba zurückzukehren.

●→ Basel und von Tochtergesellschaften im Ausland
□ Schweiz um 1920 Firmenlochung (Perfins)

J. R. Geigy AG

Im Jahre 1758 eröffnete Johann Rudolf Geigy in Basel einen Drogenhandel. Über mehrere Generationen hin blieb seine Familie in diesem Geschäft, das sich Mitte des 19. Jahrhunderts besonders auf Farbwaren verlegte. Ab 1859 wurden Farbholzextrakte hergestellt, dann wurden zusätzlich Anilinfarbstoffe fabriziert. 1901 wurde aus der Familiengesellschaft eine Aktiengesellschaft: «Anilinfarben- und Extraktfarbenfabrik vormals Joh. Rud. Geigy», ab 1914 J. R.Geigy AG. Die Firma entwickelte sich zu grossem Format mit zahlreichen Produkten. Seit 1925 kamen zu den Farbstoffen auch Textilhilfs- und Veredelungsprodukte, 1935 folgten Schädlingsbekämpfungsprodukte, vorab das DDT, 1940 Pharmazeutika, vorab Antirheumatika und Psychopharmaka. Zahlreiche Tochtergesellschaften im Ausland. 1970 Fusion mit der Ciba.

●→ Basel und von Tochtergesellschaften im Ausland

F. Hoffmann-La Roche & Co. AG

Die Firma wurde 1896 durch Fritz Hoffmann und seine Frau Adele geborene La Roche als «F. Hoffmann-La Roche & Co.» gegründet. Schon zu Beginn gab es auch in Grenzach-Wyhlen einen pharmazeutischen Produktionsbetrieb. Es wurden vorab Mittel zur Wundheilung und zur Behandlung von Erkrankungen der Atemwege hergestellt. Es folgten standardisierte Pflanzenextrakte (Pantopon), Schlafmittel, seit 1931 Synthetika, seit 1934 Vitamine aus eigener Synthese (Vitamin C). Grossen Aufschwung gab es ab 1960 mit Psychopharmaka (Librium, Valium). Zytostatika, Diagnostika, Antiparkinsonmittel, Antidiabetika, Malariamittel wurden weitere Schwerpunkte. 1994 Übernahme der amerikanischen Firma Syntex.

→ Basel und von Tochtergesellschaften im Ausland
☐ Schweiz um 1919 Firmenlochungen (Perfins)

Sandoz AG

1886 liessen sich der Farbstoffchemiker Alfred Kern (1850–1893) und der Kaufmann Edouard Sandoz (1853–1928) als «Kern und Sandoz» ins Handelsregister eintragen, mit dem Hinweis auf die Anilinfarbenfabrikation. Nach dem Tode von Kern und dem Ausscheiden von Sandoz wurde die Firma als «Chemische Fabrik vormals Sandoz» weitergeführt. 1917 kam eine pharmazeutische Abteilung, 1929 Textilhilfsmittel dazu, noch später Abteilungen für Agrochemie und chemische Faserumwandlung. 1967 erfolgte der Zusammenschluss mit dem Wander-Konzern. 1969 Übernahme der Firma Durand & Huguenin, 1994 des amerikanischen Konzerns (schweizerischen Ursprungs) Gerber.

→ Basel und von Tochtergesellschaften im Ausland

Weitere Firmen

Von folgenden Firmen sind uns Freistempel bekannt, die Liste ist nicht abschliessend:

Robapharm AG, 4006 Basel
Weleda AG, 4144 Arlesheim
Knoll AG, 4410 Liestal
Chemische Fabrik Schweizerhall GmbH, Hamburg
Mundipharma AG, 4006 Basel 6
Lehner AG, 4132 Muttenz bzw. Basel 14
Schweizerhalle AG
Solco AG, 4127 Birsfelden
Doetsch, Grether & Cie. AG, Basel
Medichemie AG, 4002 Basel
R.R. Stöckli AG, 4123 Allschwil

Doetsch, Grether & Cie AG, Basel und Muttenz

Gegründet 1899 als Apotheke, wonach die Geschäftstätigkeit auch auf den Grosshandel mit pharmazeutischen und kosmetischen Produkten ausgedehnt wurde. 1934 trat Hans Grether die Nachfolge seines Vaters an und übernahm die Vertretungen ausländischer Produkte. Das Unternehmen erlangte gesamtschweizerische Bedeutung. Nach 1962 erfolgte die Entwicklung, Fabrikation und der Vertrieb eigener Marken und Produkte. In diesem Gebäude befand sich ursprünglich die Verwaltung der Industriellen Betriebe (Gaswerk), heute noch erkennbar am Baselstab im Durchgang.

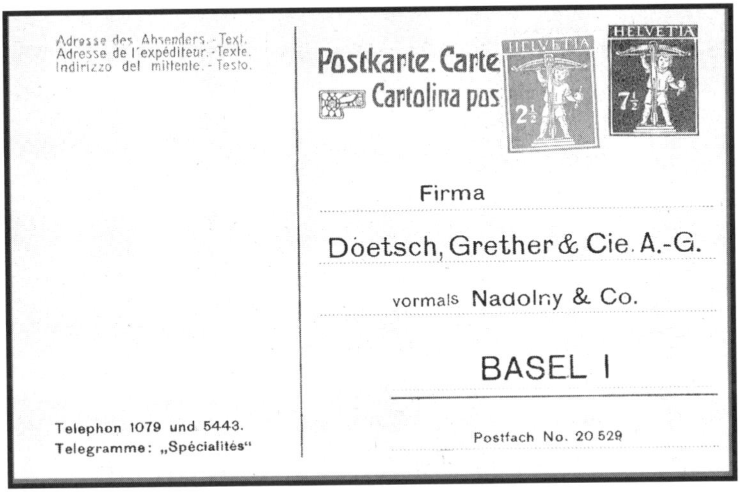

✉ Schweiz um 1919 3 Rp: Tellknabe
✉ Schweiz um 1911 71/2: Tellknabe, Zudruck der Adresse

Hageba AG

Gegründet 1909 als Hagesa, Handelsgesellschaft Schweizerischer Apotheker, durch den Basler Apothekerverein zwecks rationellem und kollektivem Einkauf der für den Betrieb einer Apotheke notwendigen Waren. Heute stellt die Hageba einen der grössten Pharmagrossisten der Schweiz dar.

→ Basel, verschiedene Freistempel

Knoll AG, Liestal

Gegründet 1893 von den Gebrüdern Albert und Hans Knoll sowie von Max Daege als erste ausländische Schwestergesellschaft der Knoll Ludwigshafen. 1897 produzierte Knoll Liestal bereits 2570 Kilogramm des Alkaloids Theobromin, das aus 500 Tonnen Kakaoschalen (Abfallprodukt der Schokoladefabrikation) extrahiert wurde. Heute produziert das Unternehmen vor allem Wirkstoffe und Arzneimittel für den Herz-Kreislauf-Bereich.

↠ Liestal: verschiedene Freistempel der Firma Knoll

Mepha Pharma AG, Aesch

Medizin und Pharmazeutik sind zwei seit Jahrtausenden miteinander verbundene Wissenschaften. Diese Beziehung kommt auch im Firmennamen Mepha zum Ausdruck. Das Firmenlogo «Regenbogen» leuchtet auf all ihren Medikamentenpackungen und drückt aus, dass diese vierzigjährige, mittelständische Schweizer Firma Farbe bekennt und darum in Aesch eine breite Palette von Top-Swiss-Qualitätspräparaten entwickelt und produziert. Seit 1989 wird der Vertrieb und das Marketing Schweiz für Mepha-Präparate (wie Acetylcystein-Mepha, Decatylen, Mephathiol, Iproben-200, Vitiron usw.) von der juristisch eigenständigen Firma Mepha Pharma AG wahrgenommen. Ursprünglich in Dornach, dann in Aesch BL domiziliert.

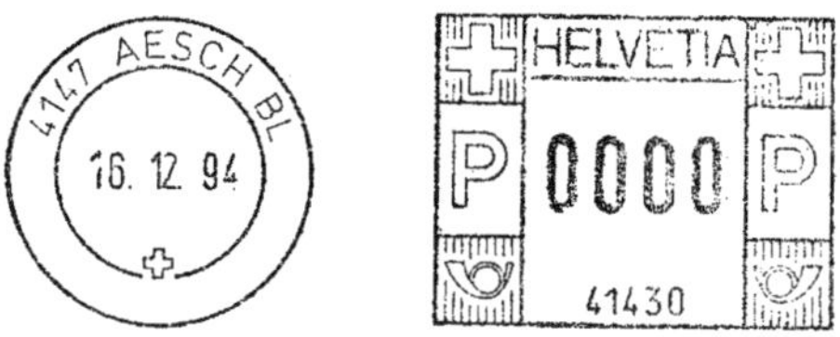

↠ 4143 Dornach 1 und 4147 Aesch

Weleda AG, Arlesheim

Die 1921 gegründete Weleda AG in Arlesheim ist das Stammhaus des international ausgerichteten Herstellers für anthroposophische Heilmittel, Diätetika und Naturkosmetika. Gegründet wurde sie als Futurum AG beziehungsweise ILAG, Internationale Laboratorien AG, doch schon nach kurzer Zeit schlug Rudolf Steiner den Namen Weleda vor. «Weleda war eine altgermanische Individualität, die sich ausser der Heilkunde auf viele andere Dinge verstand», hiess es in einem Protokoll von 1924. 1933 wurde die Weleda Prag gegründet, der weitere Gründungen in Dänemark, Finnland, Frankreich, Island, Italien, Norwegen, Schweden, Argentinien, Australien, Brasilien, Kanada, Israel, Neuseeland, Südafrika und in den USA folgten. Die Hauptaufgabe der Weleda ist, den anthroposophischen Ärzten und ihren Patienten die für ihre menschengemässe Therapierichtung benötigten Heilmittel zur Verfügung zu stellen.
Die Weleda Arlesheim beschäftigte 1994 etwas über 100 Mitarbeiterinnen und Mitarbeiter; weltweit sind etwa 1000 Personen in den Weleda-Betrieben tätig.

•+ Arlesheim Weleda AG: verschiedene Freistempel
•+ Arlesheim 1972: 50 Jahre Weleda

Dr. Wild & Co AG, Basel

Gegründet vor dem Ersten Weltkrieg. Dr. Samuel Wild entwickelte das Schmerzmittel «Contra-Schmerz», das 1933 in den Verkauf gelangte. Dieselbe Firma vertreibt auch den Midro-Tee.

•+ Basel, Dr. Wild AG: Contra-Schmerz
•+ Basel, Dr. Wild AG: Midro-Tee

Oleum basileum

Der Markenname «Olbas» entstand als Abkürzung von Oleum basileum, Basler Öl, das ursprünglich in Basel von der Po-Ho-Co AG konfektioniert und vertrieben wurde. Es handelt sich dabei um eine Mischung von ätherischen Ölen zu Inhalationen und Einreibungen, eingeführt im Jahre 1924. Heute wird Olbas von der Firma Hänseler in Herisau vertrieben.

Basel: Freistempel der Firma Po-Ho

Der Baselstädtische Apotheker-Verband

Bis zum Jahre 1798 waren die Basler Apotheker der Safranzunft zugeteilt. Am 1. August 1862 schlossen sich sechs der damaligen neun Basler Apotheker zum Basler Apotheker-Gremium zusammen, das 1877 den Namen «Basler Apothekerverein» annahm. 1913 schliesslich wurde der Baselstädtische Apotheker-Verband gegründet, dem sich 1917 der Basler Apotheker-Verein anschloss. Der heutige Baselstädtische Apotheker-Verband (BAV) feierte 1987 sein 125jähriges Jubiläum, philatelistisch durch einen Maschinenstempel und eine Privatganzsache belegbar.

⚒ Basel 1987 (M 4.2.281): 125 Jahre BAV
✉ Schweiz 1987 50-Rp-Postkarte mit Privatzudruck
➧ Basel 1987 (Wettstein-Apotheke): Albarello
➧ Basel 1987 (Apotheke zur Waage): Pillenbrett
➧ Basel 1987 (Hageba/Apotheke zur Waage): Verpackungen

Apotheken

Einzelne Apotheken lassen sich philatelistisch belegen, vorab die Goldene Apotheke mit einer Ganzsache und Stempeln (vgl. Wybert und Gaba), dann ein paar weitere mit Freistempeln.

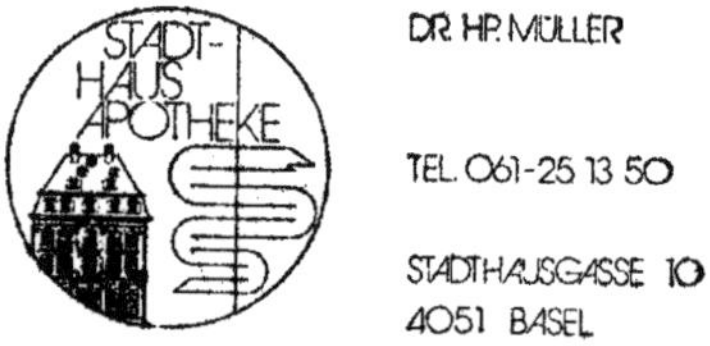

- Basel, Central-Apotheke
- Basel, Stadthaus-Apotheke
- Basel, Wettstein-Apotheke
- Basel, Apotheke zur Waage

Josef Anton Häfliger

Der Apotheker und Pharmaziehistoriker Professor J. A. Häfliger wurde 1979 mit dem Zusatzstempel zum Internationalen Kongress für Geschichte

der Pharmazie in Basel geehrt. Er schenkte 1925 seine Privatsammlung der Universität Basel und legte damit den Grundstein zum ersten Pharmazie-Museum in Basel, dem ersten rein pharmaziehistorischen Museum der Welt überhaupt.
1903 Übernahme der St.-Johanns-Apotheke. 1906 Präsident des Baselstädtischen Apotheker-Verbandes. 1909 gründete Häfliger einen Verein zum Bau eines katholischen Krankenhauses, was 1926 zum St.-Clara-Spital führte. 1926 Lektor, 1932 ausserordentlicher Professor für Pharmaziegeschichte und Galenik.

⊙ Basel 1979: Internationaler Kongress für Geschichte der Pharmazie
•+ Basel: Freistempel der St.-Johanns-Apotheke (ohne Illustration)

Paul Hermann Müller-Rüeggsegger

Geboren in Olten am 12. Januar 1899, gestorben in Basel am 13. Oktober 1975. Schweizer Chemiker. Vizedirektor der J. R. Geigy AG in Basel. Er führte umfassende Untersuchungen über Wirkung, Toxizität und chemische Strukturen von chlorierten Kohlenwasserstoffen durch. Dabei entwickelte er 1939 das DDT und entdeckte dessen Wirkung als Kontaktgift gegenüber Insekten, wofür er 1948 den Nobelpreis für Medizin erhielt. Er wurde in Basel auf dem Hörnli-Friedhof begraben.

□ Comores 1977 30 F (Mi. 346)
□ Diverse Länder: Darstellung von DDT-Spritzungen (Anti-Malaria-Kampagne der WHO 1962)

Fritz Jacob Haber

Geboren am 9. Dezember 1868 in Breslau (Wrocław), gestorben am 29. Januar 1934 in Basel. Chemiker. Begraben auf dem Hörnli-Friedhof.
Studium der Chemie und chemischen Technologie in Berlin und Heidelberg. Promotion 1891. Weiterbildung in Zürich und Jena. 1896 Privatdozent in Karlsruhe, 1898 Professor. 1911 Direktor des Kaiser-Wilhelm-Institutes in Berlin. 1933 emigrierte Haber nach England, Professur in Cambridge. Auf dem Weg zu einem Kuraufenthalt verstarb er 1934 in der Schweiz.
Leistete bedeutende Beiträge zur physikalischen Chemie, besonders der Elektrochemie, sowie zur chemischen Technologie. Er entwickelte die wissenschaftlichen Grundlagen für die Ammoniaksynthese aus den Elementen (1904–1908), wofür er 1918 den Nobelpreis für Chemie erhielt.

□ Berlin 1957 15 Pf (Zumst. 172): Porträt
□ Schweden 1978 1.30 Kr (Zumst. 1050): Porträt, Gebäude

Kongresse und Messen

In Intervallen finden in den Räumen der Messe Basel Kongresse, Ausstellungen und Messen in Zusammenhang mit Chemie und Pharmazie statt. Einzelne davon lassen sich mit Stempeln belegen, etwa die Internationale

Apothekerfachmesse Ipharmex, welche später mit der Ilmac gemeinsam durchgeführt wurde.

⊙ Basel 2.–7.6.1947 (S 274): Int. Kongress für Militärmedizin und Pharmazie

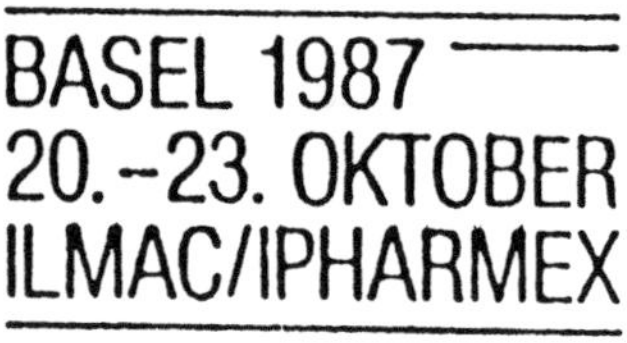

⚒ Basel 1971 (M 4.1.421): Ipharmex
⚒ Basel 1981 (M 4.1.658): Ilmac
⚒ Basel 1984 (M 4.1.764): Ilmac/Ipharmex
⚒ Basel 1987 (M 4.1.904): Ilmac/Ipharmex
⚒ Basel 1990 (M 4.1.1017): Ilmac

Wybert und Gaba

1517 gründete Jakob Heilweck die Apotheke zum Blauenstein. Von 1638 bis ins 19. Jahrhundert hiess die Apotheke zum Schöneneck, seit 1740 im Besitz der Familie Bernoulli. Die Bezeichnung «Goldene Apotheke» wird erst seit 1815 geführt. 1809–1820 waren Niklaus Bernoulli und Samuel Obermeyer Inhaber dieser Apotheke an der Rüdengasse 1. Ihnen folgten Joh. Burkhard Obermeyer, Johann Wimmer und von 1862 bis 1889 Dr. Friedrich Geiger (1833–1889). Friedrich Geiger stammte aus Heidelberg, war der Sohn des Pharmazieprofessors Philipp Lorenz Geiger (1785–1836), Schüler von Pet-

tenkofer und Assistent bei Justus von Liebig, der sein Vormund war. Die Goldene Apotheke blieb im Besitz der Familie Geiger bis ins Jahr 1939, und hier beginnt die Story der Gaba-Pastillen[1].

Der schweizerische Arzt Dr. Emanuel Wybert (1807–1884) erfand das Rezept für die Wybert-Tabletten auf Lakritzenbasis gegen Husten, Halsweh, Heiserkeit, Bronchialkatarrh offenbar etwa um das Jahr 1846. Wybert war Arzt in Hölstein und Reigoldswil, dann Physikus des oberen Baselbietes, nach 1833 als Arzt und Chirurg in Basel tätig. Er war Arzt der Stadtgarnison 1834–1865, eidgenössischer Brigadearzt während der Grenzbesetzungen von 1848 und 1849 und Mitbegründer der ärztlichen Witwen-, Waisen- und Invalidenkasse. Friedrich Geiger begann mit der Fabrikation der Wybert-Tabletten im grossen. Seine beiden Söhne, Dr. Hermann und Dr. Paul Geiger, Inhaber der Goldenen Apotheke von 1899 bis 1938 bzw. 1942, gründeten dann 1906 in St. Ludwig im Elsass eine Vertriebsgesellschaft, deren Sitz 1921 unter der Bezeichnung Wybert GmbH nach Lörrach verlegt wurde. 1955 erfolgte eine Produktionsausweitung mit der Basler Schwesterfirma Gaba AG im Bereich der medizinischen Mund- und Zahnpflege.

Die Wybert-Tabletten waren offenbar dermassen beliebt, dass sie bald einmal nachgeahmt wurden. Dies ist ersichtlich aus dem Werbeeindruck eines

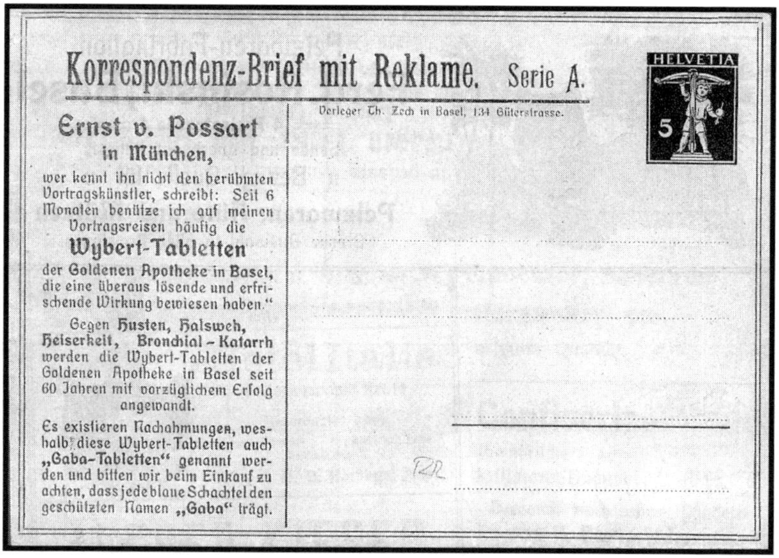

1 Historisch-Biographisches Lexikon der Schweiz, Bd.VII, p. 603 (Wybert). 100 Jahre Schweizerischer Apothekerverein, Basel 1943, p.253. 75 Jahre Hageba AG, Basel 1984.

Korrespondenzbriefes mit Reklame aus dem Jahre 1907. Zur Unterscheidung gegenüber Nachahmungen wurde der Zusatz Gaba-Tabletten auf die blauen Schachteln aufgedruckt, was die Abkürzung für Goldene Apotheke Basel bedeutete.
Noch bis in jüngere Zeit gab es die Wybert-Tabletten, zuletzt unter der Marke Wybert Geroba, sie verschwanden dann vom Markt, während die Gaba-Tabletten bis heute überlebten. 1926 wurde ihre Zusammensetzung im Gehes-Codex folgendermassen angegeben: Saccharum album, Gummi arabicum, Oleum Menthae piperitae, Succus Liquiritiae. Rautenförmige Tabletten. In Deutschland als Wybert-Tabletten. Später gab es unter diesen Bezeichnungen auch einen Sirup. Als Schwestergesellschaft der Wybert GmbH wurde die Gaba AG gegründet, die sich heute in Therwil befindet.
Der Name Wybert lässt sich mit Freistempel belegen. Typisch ist die Darstellung eines Kopfes mit der rhombenförmigen Tablette vor dem Mund.

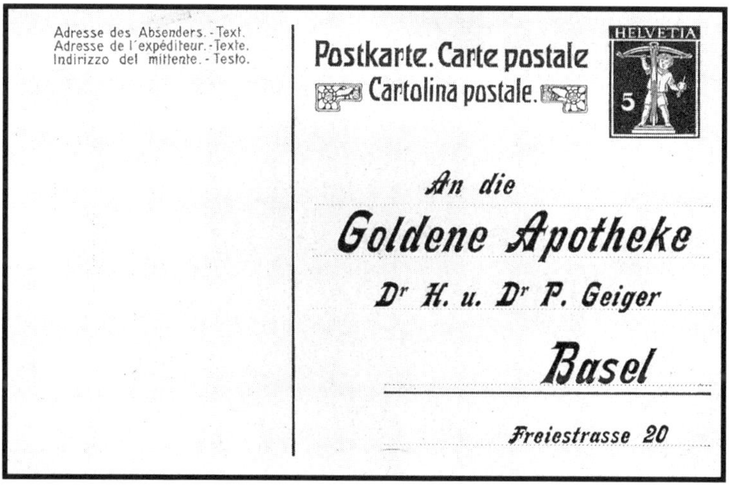

- Tumringen (Lörrach) Deutsches Reich 1933: Wybert
- Hilversum (Niederlande) 1939: Wybert
- Lörrach (BRD) 1955: Wybert
- Basel 1907 Anzeigenumschlag mit Reklameaufdrucken gemäss Weisung der Oberpostdirektion aus dem Jahre 1907. Der Brief war inkl. 5-Rp-Frankatureindruck bei den beteiligten Firmen zum Preise von $2^1/2$ Rp erhältlich. Garantierte Auflage 30 000 Exemplare. Neben der Goldenen Apotheke enthält der Briefumschlag Werbeeindrucke für rund 50 Basler Firmen. Zur Erhöhung der Werbewirksamkeit wurden auf zwei dieser Briefe absichtliche Druckfehler eingebaut. Der Überbringer eines fehlerhaften Briefumschlages erhielt einen Warengutschein von Fr. 25.–
- Schweiz um 1907 Tellknabe 5 c Zudruck der Adresse und Bestellvermerk

Die Basler Museen

Basel gilt als die Museumsstadt schlechthin und besitzt insgesamt über dreissig Museen. Verschiedentlich ist mit einer Werbeflagge auf Sonderausstellungen in Basler Museen hingewiesen worden, aber es sind auch schon Gegenstände und Gemälde aus Basler Museen auf Briefmarken dargestellt worden. 1943 und 1968 warben Stempel für die Basler Museumswochen, eine dritte Postwerbeflagge für den Museumsbesuch im allgemeinen. Melchior Berri, der Schöpfer des Basler Täubchens, schuf den ersten Museumsbau der Schweiz, nämlich das Neue Museum an der Augustinergasse, das am 26. November 1849 feierlich eingeweiht wurde. Dieses Museum beherbergte damals die Kunstsammlung, die Bibliothek und die naturhistorische Sammlung.[1]

⚒ Basel 1943 (M 4.4.20): Basler Kunst- und Museumswochen
⚒ Basel 1968 (M 4.6.101): Basler Museumswochen
⚒ Basel und Zürich 1968 (M 4.6.94): Besucht die Museen

Das Kunstmuseum

Öffentliche Kunstsammlung am St.-Alban-Graben 16. Eine der zehn berühmtesten Kunstsammlungen der Welt, die älteste überhaupt. Bedeutendste schweizerische Sammlung von Gemälden alter europäischer Meister wie der modernen Kunst (unter anderen Hans Holbein, Niklaus Manuel Deutsch, Urs Graf, Arnold Böcklin, Impressionisten, Expressionisten, Surrealisten, Pioniere der abstrakten Kunst). Siehe Abschnitt «Kunst».
Daneben sind die Kunsthalle (Steinenberg 7), das Kupferstichkabinett und die Sammlung progressiver Kunst zu erwähnen.

Sammlung Karikaturen & Cartoons

St.-Alban-Vorstadt 9. Sammlung von Originalwerken internationaler Künstler des 20. Jahrhunderts. Eröffnet November 1980. Schon seit Jahrzehnten beschäftigte sich ein Basler Privatmann, Dieter Burckhardt, mit Karikaturen und Cartoons und erwarb solche in grösserem Stil. Zusammen mit dem Basler Karikaturisten und Graphiker Jürg Spahr (Jüsp) entstand die Idee, die Sammlung der Öffentlichkeit zugänglich zu machen. Es wurde eine selbst-

[1] Basler Almanach, p. 230.

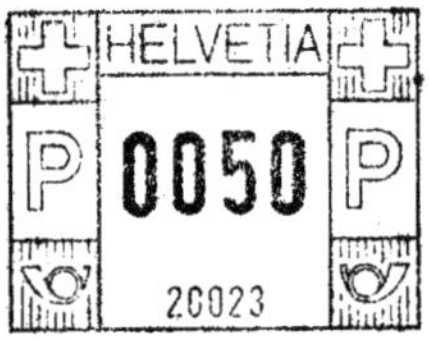

tragende Stiftung errichtet, die von der Christoph-Merian-Stiftung administrativ betreut wird.[2]

•+ Basel: Christoph-Merian-Stiftung

Das Naturhistorische Museum

Gegründet 1821, seit 1849 am heutigen Standort (Augustinergasse 2) installiert. Noch bevor die eigentliche Briefmarken-Neuheitenflut mit Darstellungen von Sauriern losging, gab es 1990 in Basel eine Sonderausstellung mit Dinosauriern aus China. Es handelte sich dabei um eine Wanderausstellung des Instituts für Paläontologie der Wirbeltiere und Paläoanthropologie der Academia Sinica in Peking. Den Hauptteil bildeten sechs vollständige Originalskelette aus verschiedenen Provinzen Chinas, die den Zeitraum von der oberen Trias (215 Millionen Jahre) bis zur oberen Kreide (80 bis 90 Millionen Jahre vor unserer Zeit) abdecken.[3]

⚒ Basel 1990 (M 4.1.1002)

Historisches Museum

Begründet 1856 durch Rudolf Wackernagel, ursprünglich im Bischofshof untergebracht, befindet sich das Historische Museum Basel seit 1981 am Barfüsserplatz in der ehemaligen Barfüsserkirche. Es beherbergt eine bedeutende Sammlung der Kultur- und Kunstgeschichte von Basel und der umlie-

[2] Basler Stadtbuch 1980, p. 192–195.
[3] Basler Stadtbuch 1990, p. 101–105.

genden Gebieten von der Urzeit bis ins 19. Jahrhundert, unter anderem spätgotische Bildteppiche und Zeugnisse religiöser Kunst. Der Schätzwert seines Sammlungsbestandes beläuft sich auf rund 500 Millionen Franken. 1989 feierte es sein 125jähriges Bestehen mit einem Maschinenstempel. Ein anderer Maschinenstempel warb 1989 für eine Sonderausstellung über Goldschmiedekunst. Sie zeigte dasselbe Bannwartschild wie auf der Postkarte zur Tembal '83. Eine zweite Werbeflagge wies auf die Sonderausstellung «zahm und wild» 1990 hin, eine Ausstellung von Basler und Strassburger Bildteppichen des 15. Jahrhunderts.[4] Im Historischen Museum befindet sich auch die Basler Trommel von 1571 mit dem Basler Wappen (PP 209), der bemalte, bauchige Krug mit Spiralmotiven (PP 158) und das Glasgemälde «Christophorus» aus der Kirche Läufelfingen (PP 144). In Zusammenhang mit der Trommel sei festgehalten, dass das Historische Museum Basel die grösste Instrumentensammlung der Schweiz besitzt, mit über 1750 Objekten aus sechs Jahrhunderten.

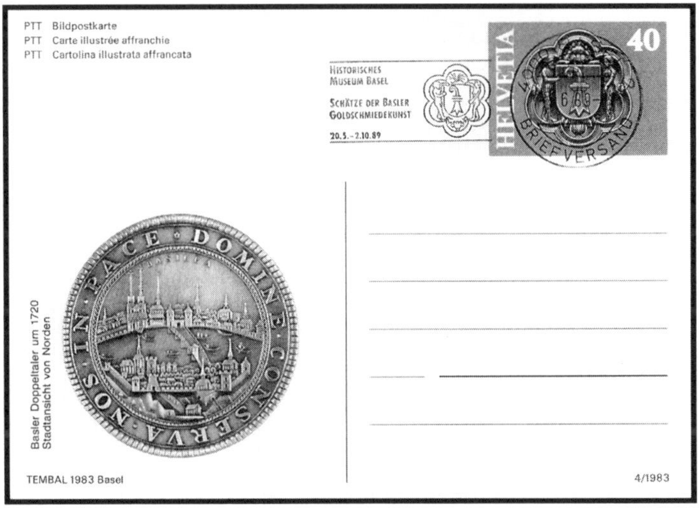

⚒ Basel 1981 (M 4.2.187): 125 Jahre Historisches Museum Basel: Lällekönig
⚒ Basel 1986 (M 4.1.846): Erasmus von Roterodam, Barfüsserkirche
⚒ Basel 1989 (M 4.1.965): Goldschmiedekunst
⚒ Basel 1990 (M 4.1.1012): zahm und wild
□ Schweiz 1969 30+10 c (PP 144): hl. Christophorus
⊙ Bern 29.5.1969 (F 73) Ersttagsstempel dazu
□ Schweiz 1973 15+5 c (PP 158): Spätkeltischer Krug
⊙ Bern 29.5.1973 (F 111) Ersttagsstempel dazu
□ Schweiz 70+30 c (PP 209): Basler Trommel

[4] Basler Stadtbuch 1990, p. 116–129

Anatomisches Museum

Das Anatomische Museum an der Pestalozzistrasse 20 besitzt unter anderem das älteste bis heute erhaltene anatomische Skelettpräparat der Welt. Es stammt aus dem Jahre 1543. Dieses Museum ist philatelistisch nur indirekt belegbar mit dem Anatomen Andreas Vesalius, dem dieses Präparat zugeschrieben wird (siehe Kapitel Medizin).

Schweizerisches Museum für Volkskunde

Münsterplatz 20. Bereits 1904 wurden im Rahmen des Völkerkundemuseums an der Augustinergasse 2 auch Objekte der europäischen Volkskunde gesammelt. Seit 1943 heisst diese Sammlung durch Bundesbeschluss «Schweizerisches Museum für Volkskunde». 1953 erfolgte die Eröffnung als selbständiges Museum. Es umfasst heute über 50 000 Objekte europäischer Volkskultur.

Der Papiervogel für Kinderwiege auf der Pro-Patria-Marke 100+40 Rp von 1994 (Zumst. 246) befindet sich im Volkskundemuseum in Basel. Solche Papiervögel wurden um 1910 im oberen Toggenburg über den Kinderwiegen und Stubenwagen aufgehängt.

☐ Schweiz 1994 100+40 c (PP 246)
⊙ Bern 17.5.1994 Ersttagsstempel dazu

Basler Mission

An der Missionsstrasse 21 gibt es eine Ausstellung aus ethnologischen Sammlungen der Basler Mission, vor allem von Westafrika. Das Missionshaus wurde 1860 eröffnet, und gleichzeitig richtete man einen Saal mit den von Missionaren gesammelten «Götzenbildern» ein. Erst später bekam man Sinn dafür, die Lebensformen der Naturvölker mit Objekten zu dokumentieren.[5]
Anlässlich des 150- und 175jährigen Bestehens der Basler Mission gelangte je ein Maschinenstempel zum Einsatz.

⊙ Basel 18.–20.6.1978 (A 982): 150 Jahre Basler Mission
⚒ Basel 1965 (M 4.2.78)
⚒ Basel 1990 (M 4.2.337)

Spielzeugmuseum Riehen

An der Äusseren Baselstrasse Nr. 34, ehemaliges Wohnhaus von Bürgermeister Johann Rudolf Wettstein. Erstes Spielzeugmuseum der Schweiz, entstanden aus Beständen des Volkskundemuseums. Die Ortswerbeflagge von Riehen wirbt für das Spielzeugmuseum.

⚒ Riehen 1976 (M 3.183).

---

[5] Basel, Pendo-Stadtfuhrer, p. 78

Heimatmuseum Reinach

In der näheren Umgebung gibt es das Heimatmuseum Reinach BL, das ebenfalls mit einer Werbeflagge in Erscheinung tritt.

⚒ Reinach 1988 (M 3.271).

Der Basler Zoo und die Tiere

Der mitten in der Stadt gelegene Zoologische Garten ist ein voll ausgebauter Zoo mit vielen Raritäten (darunter Panzernashörner, Zwergflusspferde, Somali-Wildesel, Moschusochsen), einem modernen Aquarium und Terrarium. Zu Beginn des Jahres 1994 lebten 4936 Tiere im Zolli, die 557 Arten angehören. 124 Tierarten zeugten im Jahre 1993 insgesamt 4472 Jungtiere, der Hauptanteil lag bei den Fischen.
Seit 1970 ist die Werbeflagge mit dem Nashorn für den Basler Zoo periodisch im Einsatz. Der Zoo wurde 1874 durch die Ornithologische Gesellschaft Basel gegründet. Anlässlich des hundertjährigen Bestehens gab 1974 die PTT eine Bildpostkarte zu 30 Rappen mit Tierdarstellungen vom Basler Künstler Celestino Piatti heraus. Mehrere Bildpostkarten aus den zwanziger bis in die fünfziger Jahre zeigen Tierbilder aus dem Zoologischen Garten Basel. Auf das 75jährige Bestehen wurde 1949 mit einem Maschinenstempel (Giraffen) hingewiesen.

⚒ Basel 1970 (M 3.119) Basel und sein Zoo: Rhinozeros
⚒ Basel 1949 (M 4.2.17) 75 Jahre Zoo Basel: zwei Giraffen
🖂 Schweiz 1931 10 c (Nr. 108II/10) Zoologischer Garten Basel
🖂 Schweiz 1932 20 c (Nr. 110II/8) Zoologischer Garten Basel
🖂 Schweiz 1933 10 c (Nr. 112/6) Zoo Basel: Eisbären
🖂 Schweiz 1933 10 c (Nr. 112/7) Zoo Basel: Pelikane
🖂 Schweiz 1935 10 c (Nr. 116/6) Zoo Basel: Seehunde
🖂 Schweiz 1935 10 c (Nr. 115/7) Zoo Basel: Pelikane
🖂 Schweiz 1935 10 c (Nr. 116y/37) Zoo Basel: Seehunde
🖂 Schweiz 1935 10 c (Nr. 116y/38) Zoo Basel: Flamingos
🖂 Schweiz 1935 10 c (Nr. 116y/39) Zoo Basel: Watussi-Rinder
🖂 Schweiz 1935 10 c (Nr. 116y/40) Zoo Basel: Elefanten
🖂 Schweiz 1935 10 c (Nr. 116y/41) Zoo Basel: Pelikane
🖂 Schweiz 1935 10 c (Nr. 116y/42) Zoo Basel: Steinböcke

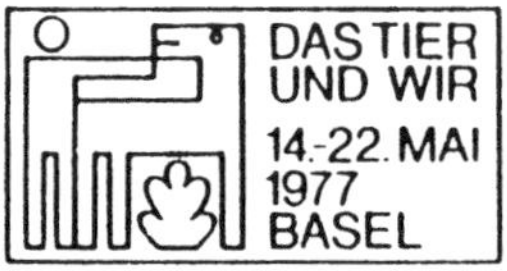

✉ Schweiz 1940 10 c (Nr. 118/25) Zoo Basel: Eisbär mit Jungen
✉ Schweiz 1935 10 c (Nr. 118/26) Zoo Basel: Pinguine
✉ Schweiz 1940 10 c (Nr. 129II/6) Zoo Basel: Steinwild
✉ Schweiz 1941 10 c (Nr. 133E/10) Zoo Basel
✉ Schweiz 1941 10 c (Nr. 133E/11) Zoo Basel
✉ Schweiz 1943 10 c (Nr. 138/40) Zoo Basel
✉ Schweiz 1943 10 c (Nr. 138/38) Zoo Basel: Eisbär
✉ Schweiz 1943 10 c (Nr. 136/39) Zoo Basel: Störche
✉ Schweiz 1949 10 c (Nr. 138 B) 75 Jahre Zoo: drei Giraffen
✉ Schweiz 1949 10 c (Nr. 153/44) Zoo Basel: Panzernashorn
✉ Schweiz 1961 10 c (Nr. 153/13) Zoo Basel: Flamingos
✉ Schweiz 1961 10 c (Nr. 153/14) Zoo Basel: Gorilla
✉ Schweiz 1961 10 c (Nr. 153/12) Zoo Basel: Eisbären
✉ Schweiz 1974 30 c (Nr. 172) 100 Jahre Zoologischer Garten Basel
⊙ Basel 16.4.1974: Ersttagsstempel dazu: zwei Giraffen

Tierausstellungen

Zweimal wurde in Basel zu einer internationalen Hundeausstellung ein Maschinenstempel eingesetzt, und 1977 fand in Basel eine Ausstellung unter dem Titel «Das Tier und wir» statt.

⚒ Basel 1953 (M 4.1.203): Internationale Hundeausstellung Mustermesse
⚒ Basel 1977 (M 4.1.519): Das Tier und wir
⚒ Basel 1986 (M 4.1.828): Internationale Hundeausstellung

Tiermotive

Die Nationalversicherung verwendet ein stilisiertes Nashorn für ihre Werbung. Eine Ganzsache des Schweizerischen Bundes für Naturschutz zeigt einen Bären, andere weisen lediglich einen Absenderhinweis auf. Die Dinosaurier haben wir bei den Museen erwähnt. Die Firma Frey & Co in Arlesheim benützt einen Elefanten zur Werbung für gutes Sitzen.

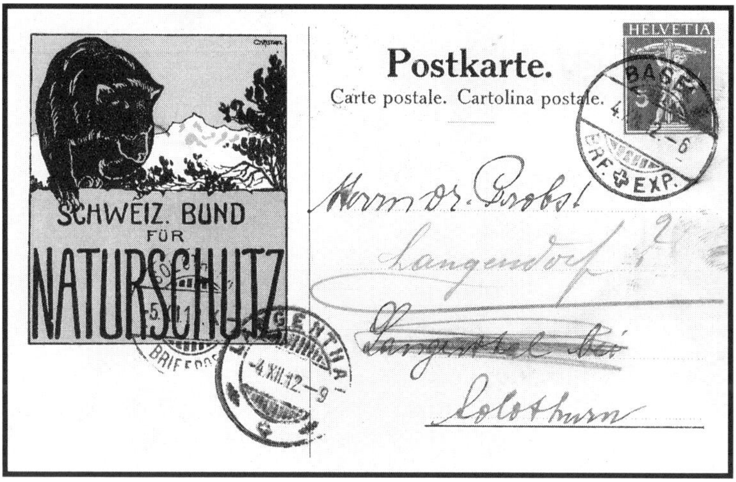

•➔ Basel und Reinach Freistempel der Nationalversicherung: stilisiertes Nashorn
•➔ Arlesheim, Firma H. Frey & Co AG: Elefant auf Stuhl
✉ Schweiz 1907 5 c Tellknabe: Bär
⚒ Basel 1990 (M 4.1.1002): Dinosaurier aus China
⚒ Basel 1984 (M 4.2.228): 75 Jahre Naturschutz in der Schweiz

Bauwerke und Quartiere

Zwei Wahrzeichen von Basel finden sich auf Briefmarken: das um 1400 entstandene Spalentor und das 1019 geweihte Basler Münster. Mittels Stempel können ein paar wenige Gebäude in und um Basel belegt werden. Auf die verschiedenen Quartiere von Basel, deren Grenzen durch den Rhein, durch die Kantonsgrenze und durch die Mitte der Strassen gebildet werden, weisen die Stempel der Postämter hin. Rhein- und Flughafen haben wir anderswo erwähnt.

Spalentor

Das Spalentor gilt als das schönste Stadttor der Schweiz mit harmonischer Baumasse. Der dreiteilige Turm muss wahrscheinlich kurz vor 1398 entstanden sein, in Zusammenhang mit der Errichtung des äusseren Mauerrings des Basler Befestigungswerkes. Viereckiger Hauptturm mit zwei zinnengekrönten Seitentürmen, mit einem kleinen Vorwerk verbunden.

Im Durchgang des Spalentors befindet sich der Briefkasten von 1845 mit der Basler Taube, der auf der Europamarke zu 40 c von 1979 dargestellt ist, aber auch auf einer deutschen Sondermarke.

☐ Schweiz 1960 50 c (Znr. 363): Spalentor
☐ Schweiz 1979 40 c (Znr. 630): Briefkasten
☐ BRD 1974 50 Pf (Zumst. 832): Briefkasten
✉ Bildkarte der UNICEF zur TEMBAL '83
⊙ Basel 30.3.–9.4.1940 (A 291): Mustermesse
⊙ Basel 5.–14.3.1988 (S 1324): Mustermesse/Mubaphil

St.-Johanns-Tor

St.-Johanns-Quartier. Entstanden 1370–1380. Spätromanischer, quadratisch bemessener Turm aus Bossenquadern. Neugotischer Steinhelm von 1874. Vortor 1669/70 mit kokettem Erker übereckt.
Durch das St.-Johanns-Tor gelangt man ins St.-Johanns-Quartier, wo sich ehemals die Johanniter-Kommende Basel befand.

⊙ Basel 1992 (S 1443): Mustermesse

Rathaus

Die einzelnen Gebäude des Rathauses sammeln sich in der Art eines Zunfthauses um einen Hof. Der Ratssaal befindet sich seit Mitte des 14. Jahrhunderts hinten. Links befindet sich die vordere Kanzlei von 1606 bis 1608, der Mittelbau datiert 1507–1513, und der Turm rechts stammt aus den Jahren 1898–1914. Die mehrfach veränderte illusionistische Fassadenmalerei ist grösstenteils auf Hans Bock, 1609, zurückzuführen. Das Rathaus wurde in den Jahren 1977 bis 1980 mit einem Aufwand von über zwölf Millionen Franken einer gründlichen Renovation unterzogen, bleibt aber ständig «pflegebedürftig». So wurde eine «Nachpflegekommission» gebildet und 1991 und 1992 weitere Arbeiten an den Fassaden im Hof und am Turmdach ausgeführt. In drei Etappen sollen 1994 und 1995 je rund 70 000 Franken für Renovationsarbeiten eingesetzt werden. Die Bemalungen leiden unter der starken Sonneneinstrahlung, die an der Fassade bis zu 82 Grad bewirkt.
Im Hof befindet sich die Pfeilerstatue des römischen Feldherrn L. Munatius Plancus (Znr. 331). Das Rathaus findet sich philatelistisch erstmals auf einem Stempel zur Mustermesse von 1990.

☐ Ungarn 1974 3 Ft (Zumst. 2931): Basler Täubchen und Läuferfigur beim Basler Rathaus
✉ Ungarn 1974 3 Ft, desgl. Luftpostganzsachenumschlag
✉ Schweiz 1943 10 c (Nr. 138/36): Marktplatz mit Rathaus
⊙ Basel 4.–13.3.1989 (S 1354): UNO Genf an der Mubaphil
⊙ Basel 10.–19.3.1990 (S 1390): Mustermesse

Basler Volksmagazin

Ganzsachenumschläge zeigen die Jugendstilfassade des Basler Volksmagazins in zwei verschiedenen Perspektiven. Damit gemeint ist das Kaufhaus Mettler, für welches das Haus am Marktplatz erbaut worden ist. Später wurde es während Jahrzehnten von der Firma Fritz Blaser (Eisenwaren, Haushaltartikel) genutzt, bevor es zu Beginn des Jahres 1986 seiner heutigen Bestimmung als Filiale des Schweizerischen Bankvereins übergeben wurde.[1]

✉ Schweiz um 1907 5 c Tellknabe: Basler Volksmagazin
✉ Schweiz um 1909 10 c Helvetia: Basler Volksmagazin
✉ Schweiz um 1914/22 10 c Tellbrustbild: Basler Volksmagazin seitlich

[1] Basler Stadtbuch 1986, p.101.

Basler Münster

Das Basler Münster ist ein hervorstechendes Wahrzeichen von Basel, zugleich ein geschichtsträchtiges Denkmal. Baubeginn um die Jahrtausendwende. Es ist philatelistisch auf zwei Briefmarken und jetzt auch auf dem Block der Basler Taube '95 dargestellt, jeweils mit den angrenzenden Häusern. Das Münster mit der Pfalz sehen wir auch auf der Sonderpostkarte zur TEMBAL '83, nach einem Stich von Merian. Ein Detail, die Galluspforte, sehen wir auf zwei Freimarken. Dazu kommen noch ein paar Sonderstempel (S 403, K 1152) und einige Postkarten (Ganzsachen).

☐ Schweiz 1944 30+10 c (PP 25)
☐ Schweiz 1975 1.10 Fr (Znr. 535): Galluspforte
☐ Schweiz 1982 1.50 Fr (Znr. 684)
☐ Panama 1964 0.21 B: Basler Münster (Mi. 701)
✉ Schweiz 1983 40 c (Nr. 179): Bildpostkarte zur TEMBAL '83
⊙ Basel 1939 (A 250): Mustermesse
⊙ Basel 13.–16.10.1965 (A 1000): Tagung Kältetechnik
⊙ Basel 1.8.1977 (S 914): Bundesfeier
⊙ Basel 1989 (S 1353): Mustermesse
✉ Schweiz 1923 25 c Rheinpromenade mit Mittlerer Brücke, dahinter Münster
✉ Schweiz 1939 10 c Rheinfront, im Hintergrund Münster
✉ Schweiz 1961 10 c (Nr. 153/10): Basler Münster
✉ Schweiz 1961 10 c (Nr. 153/11): Basler Münster mit Pfalz
•• Basel Absenderaufgabestempel (Basler Zeitung) in schwarz

Münsterplatz

Der Münsterplatz war wiederholt Schauplatz von Freilichtaufführungen, auf welche in einem andern Abschnitt hingewiesen wird. In Postwerbeflaggen zu solchen Aufführungen ist der Münsterplatz namentlich erwähnt.

⚒ Basel 1961 (M 4.4.105): Jedermann
⚒ Basel 1967 (M 4.4.145): Egmont

St. Martin

Die reformierte Martinskirche, eine dreischiffige, flachgedeckte Pfeilerbasilika von etwa 1356–1380, sehen wir auf dem Automobilpostbürostempel zur Herbst-Warenmesse 1939.

⊙ Basel 1939 (A 288): Herbst-Warenmesse

Blaues Haus

Der Reichensteinerhof an der Martinsgasse 12, auch Blaues Haus genannt, im Gegensatz zum Weissen Haus (Wendelsdörferhof), die beide Höhepunkte des baslerischen Spätbarocks darstellen, ist mit seiner Prunkfassade auf einem Zusatzstempel der UNO-Postverwaltung anlässlich der TEMBAL '83 dargestellt worden. Hier fanden auch ein Teil der Basler Freilichtspiele statt, wie in Stempeln erwähnt.

⊙ Basel 1983 Zusatzstempel UNO an der TEMBAL '83
⚒ Basel 1956 (M 4.4.74): ••• Hof des Blauen Hauses
⚒ Basel 1968 (M 4.4.149): ••• beim Blauen Haus

Fischmarktbrunnen

Vor dem Spiegelhof steht der Fischmarktbrunnen, wie er auf einer Bildpostkarte zu sehen ist. Gemäss Schweizerischem Kunstführer soll diesem Brunnen, dessen Original sich im Historischen Museum befindet, am Oberrhein nichts Vergleichbares mehr zur Seite zu stellen sein. Der in der Art einer graziösen Turmmonstranz ausgebildete zentrale Pfeiler entfaltet sich vom Rund zu kühnen Dreieckdurchdringungen, zu Baldachinen und Masswerkhelmen; die Statuen und Statuetten der Madonna, der Heiligen Petrus, Johannes, Agnes, Barbara, Katharina sowie dreier Propheten sind in die Sphäre musizierender Engel gehoben. Der Brunnen entstand um 1380. 1480 arbeitete ein Jacob Sarbach daran, wohl am modern erneuerten Polygontrog.

✉ Schweiz 1943 (Nr. 138/35): Fischmarktbrunnen, Spiegelhof

Bundesbahnhof

Ein Sonderstempel von 1985 gedenkt des 125jährigen Bestehens des Centralbahnhofes in Basel, der 1860 von Ludwig Maring gebaut worden ist. Der heutige Bundesbahnhof am Centralbahnplatz entstand 1905–1907 nach Plänen von Emil Faesch und Emanuel La Roche, inspiriert an der Massenverteilung des Vorgängerbaus. In der Frontansicht sieht man die beiden Seitentürme mit den Pavillondächern, in der Mitte die grosse Halle.[2]

[2] Kunstführer 3, 85.

⊙ 4000 Basel 4.6.1985 (S 1237):
125 Jahre Centralbahnhof

Gundeldingen

Quartier zwischen Bundesbahnhof und Bruderholzhöhe. Dem Namen nach ursprünglich eine alemannische Ansiedlung, die sich jedoch nie zu einer Dorfschaft entwickelt hat. Das Gundeldinger Quartier geht in seinen Anfängen in die 1860er Jahre zurück. Die Süddeutsche Immobiliengesellschaft in Mainz kaufte zu spekulativen Zwecken das ganze grosse Feld hinter den Bahnhofanlagen und liess sich durch Vertrag mit den Basler Behörden von 1874 ermächtigen, durch Anlage geeigneter Strassen und Plätze aus dem Areal ein Quartier zu machen.[3]

⊗ Basel: diverse Tagesstempel Gundeldingen
•➧ Basel Robapharm: Häusergruppe an der Sempacherstrasse

Soldatendenkmal

Auf der Anhöhe des Bruderholzes beziehungsweise auf der Batterie, einer 1815 aufgeworfenen Artillerieschanze, befindet sich das Soldatendenkmal. 1923–1925 von Louis Weber geschaffen. Zur Einweihung gab es eine Flugpost Basel–Zürich mit einer Vignette.

☐ Schweiz 1925 30 c (FP V/11)

Basler Hotels

In Zusammenhang mit dem Zionistenkongress kam das renommierte Basler Hotel Euler zu philatelistischen Ehren, wenn auch in sehr bescheidenem

3 Hist. IV, p.16.

Rahmen. Eine Marke von Israel zeigt Theodor Herzl auf dem Balkon dieses Hotels, welches im Jahre 1865 eröffnet worden ist.

☐ Israel 1960 0.25 (Mi. 220)

Von weiteren Hotels sind Privatganzsachen bekannt, nämlich vom Hotel Drei Könige und vom Hotel Victoria (eröffnet 1873), ferner vom Hotel Storchen; vermutlich gibt es weitere solche Belege.

✉ Schweiz 1888 Postkarten zu 5 c und 10 c mit Zudruck «Hotel des Trois Rois» in Form eines Siegels

✉ Schweiz 1888 Postkarte 5 c (Nr. 20) mit Zudruck «Hotel Victoria» im Oval (verschiedene Ausführungen)

✉ Schweiz 1911 Tellknabe 5 c Zudruck «Hotel Storchen» rückseitig

Mustermesse

Ein Zusatzstempel des Automobilpostbüros von 1941 zeigt das Verwaltungsgebäude der Mustermesse mit den Hallen 1 und 2 vom Messeplatz aus gesehen, links der Riehenring, rechts die Isteinerstrasse. Hier am Riehenring befand sich bis 1913 der alte Badische Bahnhof. Die ersten provisorischen Messebauten fielen bereits nach fünf Jahren, am Bettag 1923, einem Grossbrand zum Opfer. Es lagen schon umfangreiche Vorstudien vor, so dass die beiden heutigen Hallen 2 und 3 so rasch aufgebaut werden konnten, dass sie bereits für die Messe 1925 zur Verfügung standen. Der Verwaltungsbau der Mustermesse wurde 1925/26 von Hermann Herter gebaut, im Stile des «beruhigten Neuhistorismus».

⊙ Basel 1941 Mustermesse (A 303): Messegebäude
✉ Schweiz 1941 10 c (Nr. 130): Werbekarte für die Schweizer Mustermesse Basel
✉ Schweiz 1943 (Nr. 138/37): Basel Mustermesse

St.-Alban-Quartier

Eine Häusergruppe im St.-Alban-Quartier heisst Sankt Jakob an der Birs, berühmt durch die Schlacht von 1444 (vgl. unter Geschichte). Sie befindet sich am alten, von der Birs abgeleiteten Gewerbekanal «St.-Alban-Teich». Die Gruppe bestand bis weit ins 19. Jahrhundert hinein aus einem Siechenhaus, einer Kapelle, einem Zoll- und Wirtshaus, einer Ziegelhütte, einem Brunnen und einer Walke. Das Siechenhaus (Spital der Feldsiechen, das heisst der Aussätzigen) entstand offenbar kurz nach 1250 und wurde 1444 völlig eingeäschert. Der jetzige Bau datiert von 1570. Auch die Kapelle war zerstört worden und wurde im Laufe der Jahrhunderte mehrmals erneuert. 1886 ging das ganze Dörflein St. Jakob, mit Ausnahme der Kapelle, in der Christoph-Merian-Stiftung auf. Das Siechenhaus beherbergt heute Mietwohnungen. Das Wirtshaus wurde 1913 umgebaut.[4] Siehe auch unter «Geschichte».
Hier fanden auch Operettenfreilichtspiele statt, in deren Postwerbestempel St. Jakob an der Birs namentlich erwähnt wurde.

□ Schweiz 1944 10+10 c (PP 23)
⚒ Basel 1961 (M 4.4.103): Zigeunerbaron
⚒ Basel 1962 (M 4.4.110): Vogelhändler
⚒ Basel 1963 (M 4.4.118): Im weissen Rössl
⚒ Basel 1964 (M 4.4.128): Land des Lächelns

St.-Alban-Tal

Zwei Stempel erwähnen ein Jubiläum: «900 Johr Dalbeloch». Dalbeloch ist der Basler Ausdruck für St.-Alban-Tal, wo im Jahre 1083 Bischof Burkhard

[4] Historisch-Biographisches Lexikon der Schweiz.

das Kloster St. Alban gründete, ein Kluniazenser-Priorat. Bereits zuvor hatte es dort eine dem Märtyrer St. Alban geweihte Kirche gegeben.
Das Kloster St. Alban eröffnete vermutlich bald nach seiner Gründung, dem Gebot der Diakonie folgend, ein Siechenhaus, eine Unterkunft für Träger des Aussatzes, damals Malenz genannt. Die Malzgasse erinnert noch heute an dieses Leprosorium, das nach der Gründung des Bürgerspitals (1265) durch das Siechenhaus St. Jakob abgelöst wurde. Das Klosterdorf entwickelte sich rasch. Nach einem Brand von 1417 wurde ein grosszügiges Ökonomiegebäude erstellt, das heute vom Mühlenberg her den Anblick des Klosterkomplexes beherrscht. Schon im 11. Jahrhundert war von einer Mühle am Ufer der Birs die Rede, daher das Mühlrad im Stempel.[5]

Basel 1983 (M 4.2.211): 900 Johr Dalbeloch
Basel 1983: Freistempel der Christoph-Merian-Stiftung

St.-Jakobs-Denkmal

Seit 1824 steht an der St.-Jakobs-Strasse an Stelle einer mittelalterlichen Wegkapelle ein Denkmal für die Schlacht von St. Jakob 1444 mit dem tempelhaften Sommercasino als Hintergrund. Geschaffen 1823 nach Plänen des Dilettanten Johann Georg Von der Mühll. Der alte fialenhafte Gedenkstein Marquard Wochers, frühe Neugotik, wurde 1872 abgelöst vom patriotisch-pathetischen Schlachtdenkmal Ferdinand Schlöths, Victoria-Helvetia und heraldisch posierende Krieger. Im Umfeld der St.-Jakobs-Feier 1994 wurde das Denkmal durch Wandalen beschädigt, die Standfigur verlor die rechte Hand.

[5] Basler Stadtbuch 1983, p. 9–20.

⊙ Basel 1.8.1988 (S 1339): Bundesfeier

Pylon Dreiländereck

Im Hafen Kleinhüningen steht am Dreiländereck, dort wo die Grenzen von Frankreich, Deutschland und der Schweiz zusammentreffen, ein Fahnenmast oder Pylon.

⊙ Basel 4.12.1966 (S 629): Tag der Briefmarke
⊙ Basel 13.6.1974 (S 839): Internaba, Tag der Regio

Verschiedene Plätze

Einzelne Plätze lassen sich zwar nicht bildlich, aber doch als Standort eines Automobilpostbüros belegen, so am 4. Juni 1937 der Barfüsserplatz, am 18. August 1938 der Wettsteinplatz, am 19. August 1938 der Aeschenplatz. Der Stempel weist jeweils nur die Standortbezeichnung auf. Der Rosenfeldpark, zwischen Peter-Merian-Strasse und Lindenhofstrasse, unweit St.-Ja-

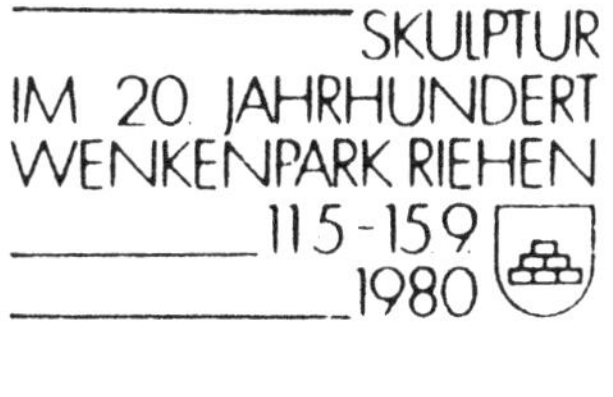

kobs-Denkmal, findet Erwähnung in einem Stempel für ein Freilichtfestspiel, desgleichen der Wenkenpark in Riehen für eine Skulpturenausstellung.

⊙ Basel: Barfüsserplatz 4.6.1937 (A 35)
⊙ Basel: Wettsteinplatz 18.8.1938 (A 218)
⊙ Basel: Aeschenplatz 19.8.1938 (A 219)
⚒ Basel 1957 (M 4.4.57): Freilichtfestspiel Basel im Rosenfeldpark
⚒ Basel 1989 (M 4.1.612): Skulptur im Wenkenpark

Neubad

Am 27. April 1860 zeigte Johann Buser die Neueröffnung des Neubads an, dessen «Wasserkraft in den mannigfaltigsten Krankheiten, namentlich der belebende und erquickende Einfluss auf Stoffwechsel, Blutmischung, Hautausschläge, Rheumatismen, Krämpfe, Hämorrhoiden und den Unterleib so bekannt sind, dass es keiner weiteren Empfehlung bedarf».[6]

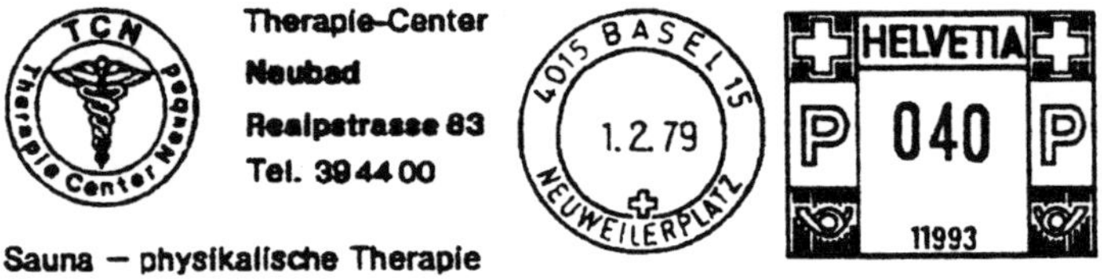

•+ Basel: Therapiezentrum Neubad

Brüglingen

Brüglingen (Bezirk Arlesheim, Kanton Basel-Landschaft) war ehemals eine alemannische Sippensiedlung, wurde Lehen der Froburger, dann der Habsburger-Laufenburger und schliesslich Österreichs. Es gab hier eine Mühle, 1592 wurde ein Bad errichtet, aber der Weiler vermochte sich nicht zu einem Dorf entwickeln. 1539 kam Brüglingen an die Herren von Münchenstein und war dann über 200 Jahre, bis 1775, Besitztum der Familie Löffel. Christoph Merian (1800–1858) vermachte das Gut, welches heute von der Christoph-Merian-Stiftung verwaltete wird, der Stadt Basel.
Philatelistisch direkt belegen lässt sich Brüglingen nicht, ausser mit der 2. Schweizerischen Gartenbauausstellung, der «Grün 80», die vom 12. April bis 12. Oktober 1980 auf diesem Gelände durchgeführt wurde. Seit dieser Veranstaltung gibt es in Brüglingen ein schön gestaltetes Parkgelände als Naherholungszone von Basel. Hier befindet sich der Botanische Garten mit dem Heilpflanzengarten.

---

[6] Basler Almanach, p. 171.

□ Schweiz 1980 20 c (Znr. 636)
⊙ 4080 Basel 1980 (S 1016): Sonderpoststelle
⚒ 4080 Basel (M 20, M 21): Sonderpoststelle

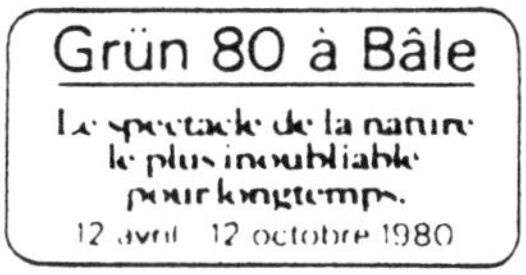

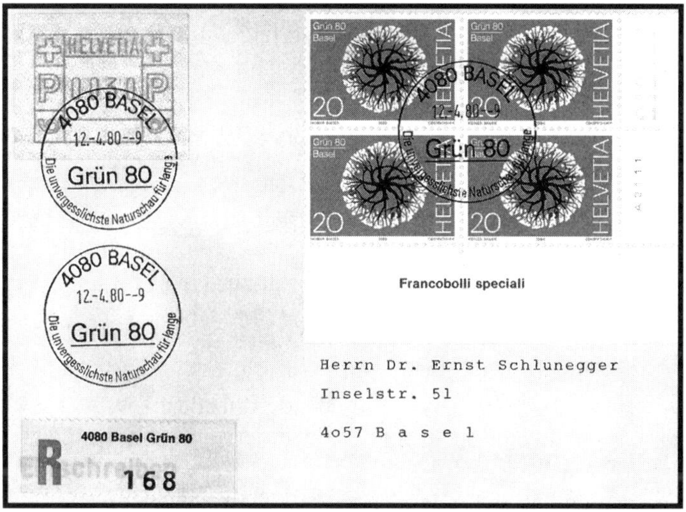

Quartierpostämter

Hinweise auf einzelne Quartiere geben die Tagesstempel der Quartierpostämter. Hier lohnt es sich, auch ältere Stempel miteinzubeziehen, denn die Stempelinschriften haben verschiedentlich geändert. Basel 13 hiess beispielsweise von 1906 bis 1954 «Äussere St. Johann» (heute Voltastrasse). Die Postämter Ahornstrasse und Gundeldingen trugen bis 1947 die Namen «Äussere Spalen» und «Äusseres Gundeldingen», Postamt Gellert bis 1961 «Äussere St. Alban»[7].

---

[7] Basler Stadtbuch 1983, p. 178.

Derzeit gibt es folgende Postämter:

Nr. / PLZ	*Bezeichnung*	*Adresse*
4001	Basel 1 Hauptpost	Rüdengasse
4002	Postzentrum Basel 2	Postpassage 9
4003	Spalen	Schützenmattstrasse 16
4004	St. Johann	St.-Johanns-Vorstadt 80
4005	St. Clara	Claragraben 81
4006	St. Alban	Froburgstrasse 40
4007	Horburg	Bläsiring 53
4008	Margarethen	Sempacherstrasse 47
4009	Ahornstrasse	Ahornstrasse 8
4010	Elisabethen	Kirschgartenstrasse 7
4011	Bachletten	Schweizergasse 26
4012	Kannenfeld	Burgfelderstrasse 26
4013	Voltastrasse	Voltastrasse 41
4014	(aufgehoben)	Bahnhof SBB
4015	Neuweilerplatz	Neubadstrasse 150
4016	Badischer Bahnhof	Schwarzwaldallee 200
4017	Transit (Postzollamt)	Margarethenstrasse 17
4018	Gundeldingen	Liesbergerstrasse 1
4019	Kleinhüningen	Hochbergerstrasse 110
4020	Gellert	St.-Alban-Ring 213
4021	Mustermesse	Messeplatz 5
4022	(aufgehoben)	Eilgutstrasse
4023	Freilager	Dreispitz
4024	Bruderholz	Bruderholzallee 169
4025	Luzernerring	Luzernerring 65
4026	(nie eröffnet)	
4027	Wanderstrasse	Wanderstrasse 36
4028	Lehenmatt	Lehenmattstrasse 260
4030	Flughafen	
4031	Kantonsspital	
4032	Roche	

Das Postamt Basel 32 Roche befindet sich innerhalb des Areals der Firma La Roche und stellt damit gesamtschweizerisch ein Unikum dar. Diese PTT-Agentur wurde am 3. Oktober 1977 eröffnet. Frei zugänglich ist die Poststelle Basel 31 in der Eingangshalle des Kantonsspitals.
Basel 22 Eilgutstrasse beherbergte früher die Massenannahme und wurde dann, wie auch Basel 14, durch das Postzentrum Basel 2 am gleichen Standort ersetzt.

Nr. 26 war für eine Poststelle Basel 26 Hirzbrunnen vorgesehen, welche dann aber aus finanziellen und betrieblichen Überlegungen nie realisiert wurde.[8] An dieser Stelle könnten auch die Postämter der benachbarten Gemeinden Riehen und Bettingen (Kanton Basel-Stadt) sowie Allschwil, Binningen, Birsfelden, Pratteln, Münchenstein (Kanton Basel-Landschaft) miteinbezogen werden.

Paketannahmestellen

Neben diesen Postämtern gibt es heute im Raum Basel noch vier private Paketannahmestellen, die über einen einfachen Kautschukstempel ohne Datum verfügen. Mit diesen Stempeln lassen sich wiederum einzelne Strassen oder Quartiere belegen. Weitere Paketannahmestellen waren vermutlich früher in Gebrauch, sind inzwischen aber aufgehoben worden.

Hirzbrunnen (Käferholzstrasse 41)
Wettstein (Grenzacherstrasse 97)
Wiesenplatz (Inselstrasse 76, Coop)
Birsfelden Sternenfeld (Am Stausee 32)
Giornicostrasse (aufgehoben; wohl ehemals in der ACV-Filiale)

[8] Mitteilung Kreispostdirektion Basel 6. Oktober 1994.

Brücken

Von den zahlreichen Basler Brücken sehen wir vorab die Mittlere Brücke auf verschiedenen Stadtansichten, wie sie sich in Stempeln und auf Ganzsachen präsentieren. Eine Ganzsache zeigt eine Rheinansicht mit der Mittleren Brücke (Ursprünge 13. Jahrhundert) und der Johanniterbrücke (eröffnet 1882). Der Sonderstempel zur Muba 1968 zeigt eine stilisierte Darstellung des Rheins mit vier Brücken, nämlich Dreirosen-, Johanniter-, Mittlere und Wettsteinbrücke (1879 eingeweiht).

✉ Schweiz 1923 25 c (Nr.78): Basel, Mittlere Brücke

✉ Schweiz 1940 10 c (Nr.138/34): Basel, Mittlere, Johanniter- und Dreirosenbrücke

✉ Schweiz 1983 40 c Bildpostkarte TEMBAL '83

⊙ Basel 1968 (S 667) Muba: vier Brücken

Basel fährt und fliegt: Transport und Verkehrswesen

Zwei Begriffe stehen für die Wirtschaft von Basel im Vordergrund: Die Messe Basel (ehemals Schweizer Mustermesse) und der Rheinhafen; natürlich auch die chemische Industrie, die wir in einem eigenen Abschnitt betrachten. Philatelistisch findet das Verkehrswesen zu Basel hauptsächlich in der Luft und auf dem Wasser statt.

Der Rheinhafen

Alle sprechen vom Rheinhafen Basel, in Wirklichkeit gibt es mehrere Häfen, und es sollte heissen die Rheinhäfen beider Basel, mit dem Rheinhafen Kleinhüningen, dem Hafen St. Johann, dem Hafen Birsfelden und dem Auhafen Muttenz. Wirtschaftlich gesehen besitzen diese Häfen nicht nur für Basel, sondern für die ganze Schweiz eine grosse Bedeutung.
Erst durch die Regulierung des Fahrwassers auf dem Oberrhein ist eine ganzjährig betriebene Güterschiffahrt möglich geworden. Am 2. Juni 1904 traf der erste beladene Schleppzug in Basel ein, und zwar im Hafen St. Johann. Der Güterumschlag begann zuerst behelfsmässig, bevor der Bau eigentlicher Hafenanlagen erfolgte. Der älteste Hafenteil befindet sich im St. Johann, der 1906–1911 und in einer zweiten Phase 1946–1948 gebaut wurde. Der Rheinhafen Kleinhüningen, mit Stromhafen und zwei Hafenbecken wurde 1919–1926 gebaut und 1936–1942 ausgebaut. Der Bau des Hafens Birsfelden folgte 1937–1940, Muttenz 1940–1947 beziehungsweise 1950–1954.

Die Gesamtheit aller Häfen beträgt 1 305 600 m², davon fallen 634 200 m² auf den Kanton Basel-Stadt.
Der Rheinhafen ist bisher zweimal auf Briefmarken dargestellt worden (Znr. 305 und 331), aber eng verbunden sind die Ausgaben zum fünfzigjährigen Jubiläum der Rheinschiffahrt (Znr. 318) und zum hundertjährigen Jubiläum der Rheinschiffahrtsakte 1968 (Znr. 460).
Als Reiseweg war der Rhein schon lange bekannt, denn bereits bei der Einladung zum Basler Konzil (1431–1448) wurde den Kirchenfürsten mitgeteilt, dass sie von Konstantinopel bis nach Basel zu Schiff reisen konnten.

Den Rheinhafen Kleinhüningen sehen wir auch auf dem Zusatzstempel zur Schweizer Mustermesse 1942, und der Stempel zum Tag der Briefmarke 1966 zeigt den Pylon im Dreiländereck im Areal des Hafens Kleinhüningen. Freistempel von Reedereien können hier einbezogen werden, und hierher gehört auch der Stempel zur Internationalen Ausstellung für Binnenschifffahrt und Wasserkraftnutzung Basel 1926.

⊙ Basel 1.7.1926 (S 119): Internat. Ausstellung für Binnenschiffahrt und Wasserkraftnutzung

⚒ Basel (M 4.1.34): Binnenschiffahrt, Wasserkraftnutzung

□ Schweiz 1949 40 c Rheinhafen (Znr. 305)

□ Schweiz 1954 25 c 50 Jahre Rheinschiffahrt (Znr. 318)

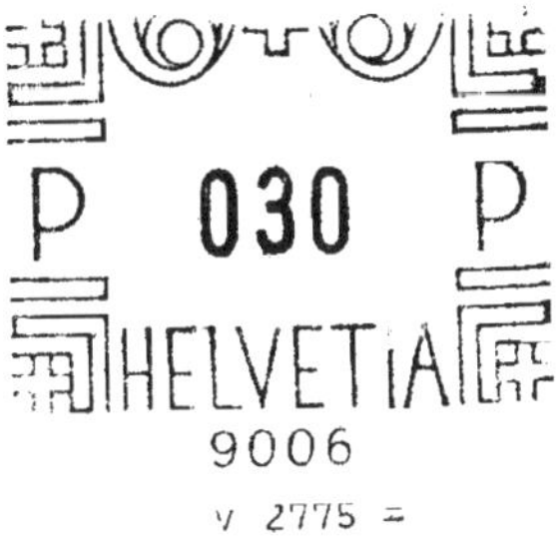

⊙ Basel 2.6.1954 (S 358): Rheinschiffahrt nach Basel
□ Schweiz 1957 40 c Munatius Plancus und Rheinhafen (Znr. 331)
□ Schweiz 1968 50 c Mannheimer Rheinschiffahrtsakte (Znr. 460)
⊙ Basel 1942 (A 316): Mustermesse
⊙ Basel 20.–30.4.1968 (S 667) Mustermesse): Rhein mit Brücken
⊙ Basel 2.6.1954 (S 358): Rhein mit Schleppschiff
□ Schweiz 1926 Flugpost Basel-Schaffhausen (FP V/17A): Vignette
✉ Einfahrt zur Schleuse Augst-Wyhlen (Nr. 153/1A 1955 10 c)
✉ Basel Rheinhafen (Serie 153)
⊙ Basel 4.12.1966 Tag der Briefmarke: Pylon am Dreiländereck
⊙ Basel 1974 Internaba Tag der Regio Pylon

Basler Fähren

Derzeit gibt es in Basel vier Fähren über den Rhein, eine davon ist die Klingentalfähre, wohl als «Totentanzfähre» 1862 errichtet. Am 19. März 1983 wurde die alte Klingentalfähre durch eine neue ersetzt und auf den Namen «Vogel Gryff» getauft. Ihre Länge beträgt 12,25 m, gebaut 1982 auf der Werft der Gebrüder Waldmeier in Mumpf AG nach alter Handwerkstradition ohne Pläne als Vorlage. Die alte ausgemusterte Fähre wurde restauriert und ins Verkehrshaus Luzern überführt. Die Baukosten von 36 000 Franken wurden mit dem Erlös aus zwei Fähri-Festen und mit Gönnerbeiträgen

gedeckt. Auf der Klingentalfähre wurden durchschnittlich 100 000 Passagiere pro Jahr befördert.[1]
Die Münsterfähre nahm 1877 ihren Betrieb auf, die heutige Münsterfähre mit dem Namen «Leu» ist auf einer Postkarte von 1961 zu 10 Rp zu sehen (Nr. 162/10 A), ebenso andeutungsweise in der Werbeflagge «Kongress-Stadt am Rhein».

✉ Schweiz 1961 10 c (162 A 10)
⚒ Basel (M 3.50) Kongress-Stadt am Rhein: stilisierte Fähre
⊙ Basel 2.–11.3.1991 (S 1415) Mustermesse: Fähre

Die St.-Alban-Fähre besteht seit 1894, das heutige Boot heisst «Wild Maa». Die vierte Fähre ist die Ueli-Fähre (St.-Johann-Fähre), nahe der Dreirosenbrücke. Die Taufe und Einweihung fand am 9./10. September 1989 statt. Drei der vier Fähren befinden sich im Besitz des Fähri-Vereins, der im Jahre 1972 gegründet worden ist und knapp 5000 Mitglieder zählt. Konzessionsinhaberin für den Betrieb der Basler Fähren ist die Fährenstiftung. Lediglich die Münsterfähre ist in Privatbesitz, soll aber bis spätestens 1996 ebenfalls ins Eigentum der Fährenstiftung übergehen.

Weitere Fähren wurden durch den Bau einer Brücke hinfällig, so wurde die Harzgrabenfähre («Rheinmücke»), in Betrieb 1854–1877, durch die Wettsteinbrücke ersetzt. Die Schlachthausfähre tat Dienst von 1895 bis 1934 und fiel dem Bau der Dreirosenbrücke zum Opfer.

[1] Basler Stadtbuch 1983, p. 114.

Der Flughafen Basel-Mülhausen

Basel besitzt eine enge Verbindung zur Fliegerei, die bei dem aus dem Baselbiet gebürtigen Flieger Oskar Bider beginnt. Ein erster Flugplatz befand sich in Basel auf dem Sternenfeld. Schon 1935 befasste man sich jedoch mit dessen Verlegung, und nach vielen Verhandlungen erfolgte am 8. März 1946 der erste Spatenstich für ein Projekt, das vollständig auf französischem Boden liegt. Die Einweihung fand bereits am 8. Mai 1946 statt. Eine Metallpiste war benützbar für Flugzeuge bis zu einem Gesamtgewicht von 30 bis 40 Tonnen.
Ein Staatsvertrag von 1948/49 legte den Bau des eigentlichen Lufthafens an Stelle des bisherigen Provisoriums fest. Es musste eine Zollstrasse von Basel zum Flugareal gebaut werden. 1952 wurde die 1600 m lange West-Ost-Piste dem Verkehr übergeben, 1953 die Haupt- und Blindlandepiste (Nord-Süd, mit 2370 m Länge). 1970 wurde der neue Flughof eingeweiht. In verschiedenen Etappen wurden Pistenverlängerungen vorgenommen, und auch das Flughafengebäude erfuhr Änderungen.
Eine Marke von Frankreich und eine andere aus der Schweiz weisen auf den Flughafen Basel-Mulhouse hin, dazu kommen ein paar Stempel.

☐ Schweiz 1979 80 c (Znr. 625)
☐ Frankreich 1982 1.90 F (Zumst. 2349)
⊙ Basel TEMBAL ’83 Franz. Postverwaltung
⊙ Basel 28.4.1979 (S 971): Pistenverlängerung
❀ Basel 30 Flughafen (K 533)

Zwei Flugpioniere besitzen Beziehungen zu Basel: Oskar Bider und Jakob Degen; und hier sei auch Prof. Piccard mit seinem Stratosphärenballon erwähnt.

Oskar Bider

Hier muss nun auch der aus dem Kanton Basel-Land stammende Flugpionier Oskar Bider (1891–1919) Erwähnung finden, geehrt mit einer Sondermarke und indirekt durch Belege der verschiedenen Flugtage, so Flugpost Aarau–Olten und Lenzburg 6.4.1913 (FP I), Basel–Liestal 9.3.1913 (FP II),

Bern–Burgdorf und zurück 30.3.1913 (FP III und IV), Langnau i.E.–Bern 4.5.1913 /FP VI), Liestal–Rheinfelden 27.4.193 (FP VIII), Sitten–Siders 18.5.1913 (FP X), bei denen Bider der Pilot war.

☐ Schweiz 1977 40 c (Znr. 582)

Jakob Degen

Geboren am 17. Februar 1761 in Liedertswil, Kanton Basel-Landschaft, gestorben am 28. August 1848 in Wien. Österreichischer Uhrmacher schweizerischer Herkunft.

Degen beschäftigte sich vorwiegend mit technischen Problemen und Erfindungen. Seit 1807 stellte er Versuche mit einem von Muskelkraft angetriebenen, von einem Ballon getragenen «Schwingenflieger» an und entwickelte ab 1816 ein Verfahren für den Banknotendoppeldruck. (Meyer)

Der Familienname Degen kommt im Kanton Baselland häufig vor, seit Mitte des 16. Jahrhunderts in Liestal, Buckten, Liedertswil, Oberwil und Langenbruck nachgewiesen. Laut dem Historisch-Biographischen Lexikon der Schweiz soll Jakob Degen aus Oberwil stammen.[2]

☐ Liechtenstein 1948 20 c (FP Nr. 26)

Auguste Piccard

Geboren am 28. Januar 1884 in Basel (Heimatort Lutry), gestorben am 25. März 1962 in Lausanne. Zusammen mit seinem Zwillingsbruder Jean stu-

[2] Hist. II, 679.

dierte Auguste Piccard an der ETH in Zürich. Nach Diplomabschluss in Maschinenbau blieb Auguste vorerst als Privatdozent in Zürich, wo auch seine aeronautische Laufbahn mit mehreren wissenschaftlichen Ballonaufstiegen begann. 1920 Ernennung zum Professor. 1922 zog er an die Freie Universität in Brüssel. Mit einem selbstkonstruierten Stratosphärenballon erreichte Piccard am 27. Mai 1931 eine Höhe von 15 946 m. Zusammen mit Ing. Max Cosyns wurde am 18. August 1932 von Dübendorf ZH aus die Rekordhöhe von 16 940 m erreicht. Danach wandte er sich der Tiefseeforschung zu und erreichte mit seinem Bathyscaphe «Trieste» Tiefen von 3150 m bis 2700 m. Am 23. Januar 1960 tauchten Piccard und der amerikanische Marineleutnant Don Walsh bei Guam im Marianengraben bis 10 916 m tief. Der Druck auf die Tauchkugel betrug dort 1150 kg pro cm^2 oder 170 000 Tonnen insgesamt.

- ☐ Schweiz 1978 80 c (Znr. 620)
- ☐ Schweiz 1994 60 c und 100 c (Znr. 863–864)
- ☐ Belgien 1932 75 c – 2.50 F (Zumst. 358–360)
- ☐ Monaco 1962 0.25 F (Zumst. 692),
- ☐ Monaco 1984 2.80 F und 4.00 F (Zumst. 1632–1633)
- ☐ San Marino 1983 400 und 500 L (Zumst. 1309–1310)
- ☐ Korea Nord 1980 30 ch (Mi. 1987)

Flugmeeting, Ausstellungen, Sonderflüge

☐ Schweiz 1925 Flugpost Basel–Zürich (FP V/11): Soldatendenkmal
☐ Schweiz 1926 Flugpost Basel–Luzern (FP V16A): Mustermesse
☐ Schweiz 1926 Flugpost Basel–Schaffhausen (FP V/17A): Rheinhafen
⊙ Basel 12.10.1930 Zeppelinflug Bern–Basel–Landesgrenze (FP V/34)
⊙ Basel 29.5.1938 (S 181): Pro-Aero-Flugmeeting Basel
•• Basel 1981 Mustermesse: Aviatika 81

Ballonaufstieg

Bei den Gordon-Bennett-Wettfliegen handelt es sich um jene klassischen sportlichen Veranstaltungen, die zu Beginn des Jahrhunderts in der ganzen Welt das Interesse am Fliegen weckten. Am 9. November 1905 forderte James Gordon Bennett, Besitzer des «New York Herald», zu einem internationalen Wettstreit in der Luft heraus. Er stiftete einen Preis in der Höhe von 50 000 Franken für denjenigen, der in ununterbrochenem Fluge die weiteste Entfernung zurücklegte. 1908 und 1922 gewannen Schweizer dieses Wettfliegen. 1932 wurde Basel mit der Durchführung beauftragt. Am 25. September 1932 meldeten sich siebzehn Ballone aus sieben Staaten zum Start auf dem Areal des neuen Gaswerkes in Kleinhüningen. Das Basler Gaswerk stellte insgesamt 58500 Kubikmeter Ballongas her. Sieger wurde der Amerikaner Seattle mit Ballon «US Navy».[3]

⚒ Basel 1932 (M 4.5.19): Gordon Bennet
⊙ Basel 1955 (A 691): Muba
⊙ Basel 1957 (A 773): Ballonwettfahrt

[3] Basler Stadtbuch 1980, Eugen Dietschi, p. 109.

Die Eisenbahn

Basel als Grenzstadt verfügt neben dem Bundesbahnhof noch über den Badischen und über den Elsässischen Bahnhof. Heute betreiben die SBB vier Linien im Baselbiet: Basel–Tecknau, Basel–Aesch, Basel–Augst und Sissach–Läufelfingen. Ein paar Stempel helfen, das Eisenbahnwesen in der Region Basel zu dokumentieren, dabei wurde aber ein Jubiläum vergessen: Am 15. Juni 1844 wurde das allererste Teilstück einer Eisenbahn auf Schweizer Boden eröffnet, die Strecke Basel St. Johann–St-Louis (damals St. Ludwig) als Schlußstück der Linie Strassburg–Basel, insgesamt 1860 m lang. Hier entstand auch der erste Bahnhof der Schweiz. Von 1854 bis 1859 baute die Schweizerische Centralbahn ihr Stammnetz, mit Basel als Kopfpunkt. Auf den Centralbahnhof haben wir bei den Bauwerken hingewiesen. Der Badische Bahnhof nahm seinen Betrieb am 1. Mai 1862 auf. Aus der grossen Zahl von Bahnpoststempeln reproduzieren wir hier ein paar Beispiele.

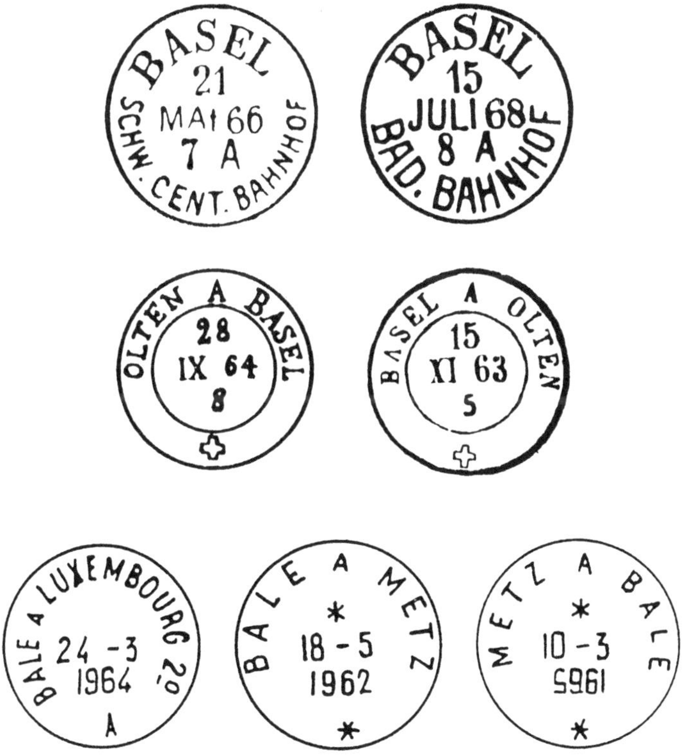

⊙ Basel 23.10.–7.11.1982 (S 1116): Eisenbahn 82
⊙ Basel 25.10.–9.11.1980 (S1040): 100 Jahre Spielzeug-Eisenbahn
⊙ Basel 4.–6.10.1985 (S 1237): 125 Jahre Centralbahnhof

Hauensteinlinie

Der Werbedatumstempel von 4444 Rümlingen zeigt das Eisenbahnviadukt der alten Hauensteinlinie, ehemals Centralbahn. Erbaut 1856–1858 mit acht gemauerten Bogen auf hohen Pfeilern. Eines der frühesten Bauwerke dieser Art in der Schweiz, nach Vorbild von Viadukten der österreichischen Semmeringbahn. Die Linie Basel–Läufelfingen–Olten wurde am 1. Mai 1858 eingeweiht, das Teilstück Basel–Liestal wurde 1854 zum ersten Mal befahren. Der Stempel von 4448 Läufelfingen zeigt einen Dampfzug beim Verlassen des Nordportals des alten Hauensteintunnels. Dieser Tunnel war kurze Zeit mit seinen 2495 m Länge der längste Tunnel der Welt, erbaut 1853–1858 von einem englischen Unternehmen mit Einsatz von mehreren hundert Arbeitern. Die Eröffnung erfolgte im Mai 1858 mit einer Dampflokomotive, die heute im Verkehrshaus Luzern ausgestellt und noch voll funktionstüchtig ist.

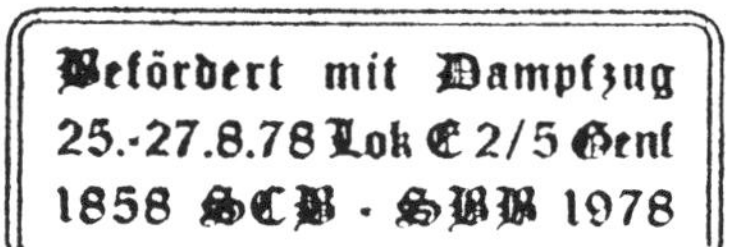

❀ Läufelfingen (K 703): An der Hauensteinlinie
❀ Rümlingen (K 1323): Eisenbahnviadukt der alten Hauensteinlinie

Waldenburgerbahn

Eine Volksabstimmung vom 18. Juni 1871 beschloss den Bau einer Schmalspurlinie zwischen Waldenburg und Liestal, und am 1. November 1880 dampfte der erste Zug von Liestal nach Waldenburg. Zuvor gab es ein paar Entgleisungen auf den Probefahrten. Der Betrieb wurde mit zwei zweiachsigen Lokomotiven mit den Namen «Dr. Bider» und «Rehhag» eröffnet, bald folgten dreiachsige Maschinen. Zwei Dampflokomotiven sind noch erhalten, die «Gedeon Thommen» (1902, seit 1980 für Sonderfahrten wieder in Betrieb) und die «Waldenburg» (1912, heute im Verkehrshaus Luzern). 1953 erfolgte die Elektrifizierung der Bahn.
Ein Dampfzug der Waldenburgerbahn ist auf dem Werbedatumstempel von 4437 Waldenburg dargestellt.

❀ Waldenburg (K 779)

Niklaus Riggenbach

Riggenbach ist eine Basler Familie, die sich auf Christen Rickenbacher in Rünenberg (Baselland) und dessen Sohn Hans genannt Michelhans (geboren 1605) zurückführt, und von der verschiedene Sprossen im 18. und 19. Jahrhundert das Basler Bürgerrecht erwarben und ihren Namen in Riggenbach abänderten.

Die ältere Linie stammt ab von Jakob Christoph, 1756–1822, Bürger von Basel seit 1782. Er betrieb mit seinen Söhnen Anton und Niklaus (1784–1829) in Guebwiler im Elsass eine grosse Rübenzuckerraffinerie. Philatelistisch in Erscheinung tritt der Sohn von Niklaus, ebenfalls Niklaus genannt, geboren am 21. Mai 1817 in Guebwiler, gestorben am 25. Juli 1899 in Olten, Ingenieur und Mechaniker.
Niklaus Riggenbach wirkte in Paris und in Karlsruhe am Bau der ersten auf dem Kontinent hergestellten Lokomotiven mit und baute daselbst die ersten für die Schweiz (Linie Zürich–Baden) bestimmten, wovon die «Limmat» auf einer Briefmarke zu sehen ist. 1853 wurde er als Chef der Maschinenwerk-

stätte der Schweizerischen Centralbahn nach Basel berufen, war 1856–1873 Direktor der Hauptwerkstätte dieser Bahn in Olten. Erfinder des Zahnradsystems und Erbauer der Rigibahn, nach deren Vorbild und nach seinen Plänen zahlreiche Bergbahnen in der Schweiz, in Österreich-Ungarn, Deutschland, Portugal, Frankreich, Indien und Brasilien mit Steigungen bis 57% ausgeführt worden sind.[4]

- ☐ Schweiz 1942 5+5 c (PJ 101): Porträt und Zahnstange
- ☐ Schweiz 1947 5 c (Znr. 277): «Limmat», erste Dampflokomotive der Schweiz
- ☐ Schweiz 1983 80 c (Znr. 699): Vitznau-Rigi-Bahn
- ☐ Dominica 1991 5
- ☐ Arth-Rigi-Bahn, alte Zahnradlokomotive von 1890
- ⚒ Baden 1947 (M 4.2.11): 100 Jahre Eisenbahn: Badenfahrt (Spanisch-Brötli-Bahn)

Der Tarifverbund TNW

Am 6. Mai 1895 nahm Basel den elektrisch betriebenen Tramverkehr auf. Mit zwölf Wagen wird die 2777 km lange Strecke Bad. Bahnhof (am Riehenring)–Mittlere Rheinbrücke–Aeschenplatz–Centralbahnhof befahren.[5] Dieses Jubiläum wird im Jahr der Basler Taube '95 feierlich begangen. Zu erwähnen ist, dass früher eine grenzüberschreitende Tramlinie nach Hüningen bestanden hatte, die am 16. Dezember 1910 eröffnet worden ist, desgleichen von Riehen nach Lörrach.
Am 1. März 1984 wurde das Umweltschutzabonnement, am 1. Juni 1987 das Tarifverbund-Abonnement (TNW-Abo) eingeführt, das in Basel, im Baselbiet, im Laufental und im Fricktal gültig ist und alle öffentlichen Verkehrsmittel einschliesst. Ein Maschinenstempel warb vom 2. Mai bis 31. August für den Tarifverbund, die Flagge lief in Basel 2 und in Liestal.

⊙ Basel und Liestal 1987 (M 2.2.147): Umwelt schützen

[4] Historisch-Biographisches Lexikon der Schweiz.
[5] Basler Almanach, Eugen A. Meier, p. 184.

Der Strassenverkehr

Basel leistet auch einen Beitrag zum Strassenverkehr, zum Automobilbau, der philatelistisch belegbar ist. Ein Automobil aus der Werkstätte der Monteverdi Automobile AG in Binningen BL ist auf zwei Briefmarken von Tuvalu zu sehen.

☐ Tuvalu 1983 50 c: Monteverdi (Mi. 47)
☐ Tuvalu 1983 50 c: Monteverdi, Seiten- und Frontansicht (Mi. 48)

Automobilmuseum Mulhouse

Der im Elsass aufgewachsene Schweizer Industrielle Fritz Schlumpf (gestorben am 18. April 1992) verursachte Anfang der siebziger Jahre einen sozialen Skandal. Gepackt vom Sammelfieber, liess er seine Betriebe in Konkurs gehen, derweil er eine riesige private Automobilsammlung aufbaute. Während des Konkurses begab sich Fritz Schlumpf nach Basel, wo er während Jahren mit seinem Bruder Hans im Hotel «Drei Könige» wohnte. Die Sammlung wurde vom französischen Staat beschlagnahmt und als nationales Denkmal eingestuft. Sie umfasste 413 vollständig restaurierte Oldtimer, darunter zahlreiche Bugattis. Heute wird die Sammlung als öffentliches, nationales Automobilmuseum geführt.[6]

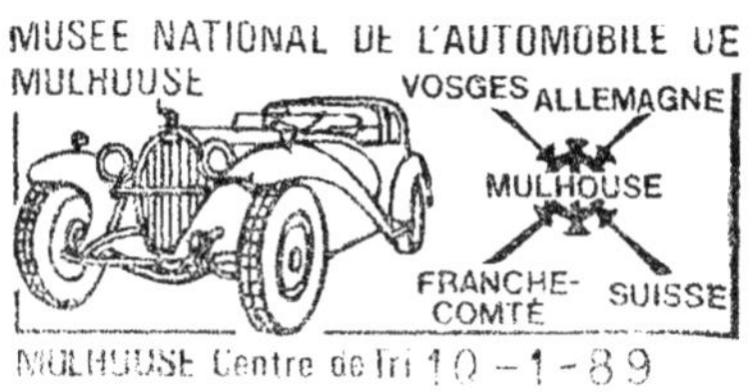

⚒ Mulhouse, Frankreich

[6] Basler Stadtbuch 1992, p. 140–142.

Basel und seine Messen

Basel besitzt eine jahrhundertealte Tradition als Messestadt, privilegiert durch seine bevorzugte Lage am Rheinknie, gewissermassen an einer natürlichen Wegkreuzung. Hier mündeten die beiden grossen römischen Heerstrassen von Vindonissa über den Bözberg und von Aventicum und Solodurum her über den oberen Hauenstein nach Augusta Raurica (Kaiseraugst) an der Mündung der Ergolz in den Rhein, und weiter bis nach Strassburg (Argentoratum). Diese gute Lage wurde noch verbessert, als Bischof Heinrich von Thun die alte Basler Rheinbrücke erbauen liess. Damals gab es von Konstanz abwärts bis zum Meer keine feste Brücke über den Rhein. Bischof Heinrich hat aber auch den Basler Kornmarkt ins Leben gerufen, indem er den Birsig überbrückte.

Im Jahre 1471 schickte der Rat von Basel eine Delegation an den Reichstag von Kaiser Friedrich III. in Regensburg mit der Bitte um eine Messebewilligung. Der Kaiser bewilligte auf «ewige Zeiten» zwei jährliche Messen (Märkte). Bereits im Herbst 1471 wurde die erste Basler Martini-Messe abgehalten, ein halbes Jahr später die Frühjahrsmesse. Die Tradition der Herbstmesse dauerte fort und findet sich heute wieder in der Basler Herbstmesse, die sich mit mehreren Maschinenstempeln belegen lässt, die Frühjahrsmesse hingegen wurde nur bis 1494 abgehalten.

Basler Herbstmesse

Die Basler Herbstmesse, etwa als grösster Jahrmarkt der Schweiz bezeichnet, geht auf die Martini-Messe zurück. Nur kurze Zeit gab es Zusatzstempel des Automobilpostbüros, später folgten jährlich Postwerbeflaggen mit (allzulange) gleichbleibendem Sujet.

⊙ Basel 1938 (A 237): Basler Herbst-Warenmesse (nur Text)
⊙ Basel 1939 (A288): St.-Martins-Kirche
⊙ Basel 1940 (A 300) nur Text
⚒ Basel 1977 (M 4.1.536): Herbstmesse
⚒ Basel 1983 und folgende Jahre: Baselstab

Schweizer Mustermesse

Die Schweizer Mustermesse, kurz Muba, seit kurzem Messe Basel genannt, wurde erstmals im Jahre 1917 abgehalten. Geistiger Vater dieser Messe war der Kunstmaler Jules de Praetere, seit 1915 Direktor der Gewerbeschule

Basel. Die Muba gehört mit den Messen von Utrecht und Lyon zu den ältesten Vertreterinnen jener Messen, die nach dem Leipziger Vorbild gegründet wurden.
Philatelistisch tritt die Schweizer Mustermesse schon fast von Anfang ihres Bestehens an in Erscheinung. Es gab Maschinenstempel seit 1919 fast jedes Jahr, teilweise auch in französischer Sprache, vorerst nur mit Text. Allmählich gab es zum Text eine Illustration, die jeweils mehrere Jahre gleichblieb, mit kleinen Unterschieden. Seit 1937 gibt es Zusatzstempel der mobilen Automobilpostbüros, die später durch runde Sonderdatumstempel abgelöst wurden. Einzelne Stempel weisen ansprechende, interessante Motive auf, die wir in andern Kapiteln abgebildet und beschrieben haben. Wir verzichten hier auf eine vollständige Aufzählung, der interessierte Sammler kann sich die Liste aufgrund der Kataloge leicht selbst erstellen. Im Stempelkatalog sind sie in der Gruppe 4 aufgelistet, es sind deren weit über zweihundert an der Zahl (einschliesslich der Fachmessen).
Zum 50jährigen Jubiläum gab es 1966 eine Sonderbriefmarke.

☐ 1966 20 c (Znr. 440): 50 Jahre Mustermesse
☐ Schweiz 1926 Flugpost Basel–Luzern (FP V/16): Messegebäude
⊙ Basel 1937 (A 2): Schweizer Mustermesse (nur Text)
⊙ Basel 1938 (A 119): Baselstab und Merkurstab
⊙ Basel 1939 (A 250): Münster
⊙ Basel 1940 (A 291): Spalentor
⊙ Basel 1941 (A 303): Messegebäude
⊙ Basel 1942 (A 316): Rheinhafen Kleinhüningen Basel
⊙ Basel 1943 (A 330): Silhoutte von Basel mit Münster und Brücke
⊙ Basel 1944 (A 339): Baselstab, Kurzbezeichnung Muba

- ⊙ Basel 1945 (A 352): Rhein, Flagge
- ⊙ Basel 1946 (A 367): Merkurhut
- ⊙ Basel 1947 (A 407): Merkurhut, Mauer
- ⊙ Basel 1948 (A 445): Ionische Säule, Merkurhut
- ⊙ Basel 1949 (A 472): Geometer
- ⊙ Basel 1950 (A 501): Balkenkreuz
- ⊙ Basel 1951 (A 532): Amboss
- ⊙ Basel 1952 (A 566): Tambour
- ⊙ Basel 1953 (A 644): stilisierte Verkehrstafel, Merkurhut
- ⊙ Basel 1955 (A 689): Hand mit Merkurhut
- ⊙ Basel 1956 (A 718): Prisma mit Merkurhut

⊙ Basel 1957–1961: Merkurhut
⊙ Basel 1962 (A 894): Symbolische Darstellung
⊙ Basel 1963 (A 924): Merkurhut und Uhr
⊙ Basel 1964 (A 951): Baselstab und Merkurhut
ab 1965 alljährlich runde Sonderdatumstempel

⚒ Basel 1919 (M 4.1.2): Schweizer Mustermesse Basel
⚒ Basel 1920 (M 4.1.4) desgleichen, deutsch und französisch
⚒ Basel 1923 (M 4.1.14) und folgende Jahre: stilisierter Merkurhut in verschiedenen Ausführungen

4000
BASEL
SCHWEIZER
MUSTERMESSE
7.-17.4.73

4000
BASEL
SCHWEIZER
MUSTERMESSE
30.3.-8.4.74

4000 BASEL
BASEL
SCHWEIZER MUSTERMESSE 16.-25.4.77

SCHWEIZER.
MUSTERMESSE BASEL
24.APRIL-8.MAI 1919

FOIRE SUISSE
D'ÉCHANTILLONS BÂLE
16.-26. AVRIL 1921

SCHWEIZER
MUSTERMESSE BASEL
15.-29. APRIL 1920

FOIRE SUISSE
D'ÉCHANTILLONS BÂLE
15.-29. AVRIL 1920

BASEL
1924
17-21
MAI
SCHWEIZER
MUSTERMESSE

13.-23.
APRIL
BASEL
1929
SCHWEIZER
MUSTERMESSE

37. SCHWEIZER
MUSTERMESSE
BASEL 11.-21. APRIL 1953

Schweizer Mustermesse
Basel 12 - 22. April 1958

50 Jahre
Schweizer
Mustermesse
Basel
16 -26 April 1966

50 ans
Foire Suisse
Bâle
16-26 avril 1966

50 anni
Fiera Svizzera
Basilea
16-26 aprile 1966

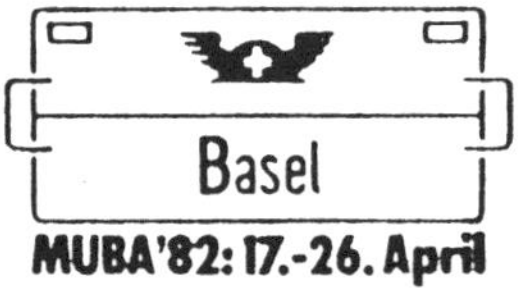

⚒ Basel 1953 (M 4.1.202): 37. Schweizer Mustermesse (nur Text)
⚒ Basel 1966 (M 4.1.330): 50 Jahre Schweizer Mustermesse, d/f/i
⚒ Basel 1982 (M 4.1.679): Merkurhut in Eisenbahntafel
⚒ Basel 1983 (M 4.1.713): Eisenbahnsignal
⚒ Basel 1986 (M 4.1.833): Umrisse der Schweiz

Verschiedene Fachmessen

Neben der Mustermesse finden in den Hallen der Muba jährlich weitere Ausstellungen und Anlässe statt. Seit ein paar Jahren ist die internationale Uhren- und Schmuckmesse von der Mustermesse abgetrennt. Es gibt mehrere Messen, die sich in einem bestimmten Rhythmus folgen, etwa die Kunst- und Antiquitätenmesse, die Art, die Didacta, Swisstech, Ilmac, neuerdings die Büfa und viele andere mehr. Hier wurden die grossen Briefmarkenausstellungen Naba, Imaba, Internaba, Naba 71, Tembal, Basler Taube '95 durchgeführt. Die meisten dieser Anlässe lassen sich mit einem Maschinenstempel belegen, einige davon zusätzlich auch mit einem Sonderdatumstempel beziehungsweise mit einem Zusatzstempel des Automobilpostbüros.
Es würde zu weit führen, sämtliche einschlägigen Stempel hier aufzuführen. Die nachfolgende Liste bringt deshalb nur ein paar Beispiele und erhebt keinen Anspruch auf Vollständigkeit.

Uhren- und Schmuckmesse

Der Uhrensalon war über fünfzig Jahre lang ein wichtiger Bestandteil der Mustermesse, bis er 1984 von der Messe abgetrennt wurde. Ab 1979 tritt die Europäische Uhren- und Schmuckmesse mit einem eigenen Stempel in Erscheinung. Im Jahre 1980 wurde auf das fünfzigjährige Jubiläum des Uhrensalons an der Mustermesse hingewiesen.

⚒ Basel 1979 (M 4.1.575): Europäische Uhren- und Schmuckmesse
⚒ Basel 1980 (M 4.2.169): 50 Jahre Uhrensalon, d/f
⚒ Basel 1981 (M 4.1.644): Juwel unter den Messen
⚒ Basel 1982 (M 4.1.680) desgleichen

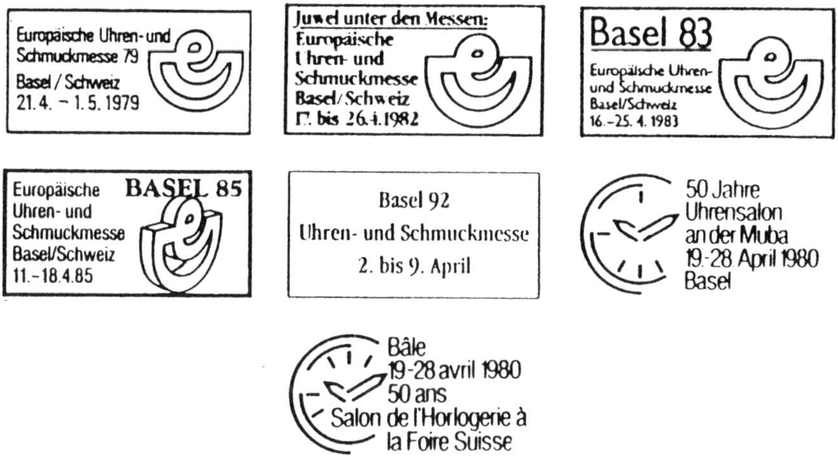

Didacta

Die 8. Europäische Lehrmittelmesse begann den Reigen von Postwerbeflaggen gleichzeitig mit einem Zusatzstempel des Automobilpostbüros. Die Illustration blieb wenig verändert bis 1988.

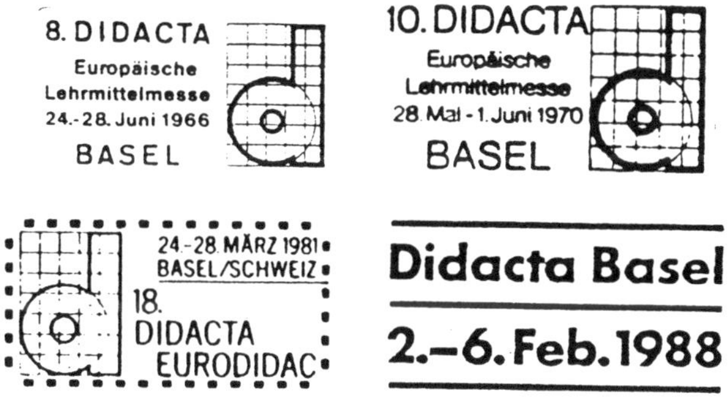

⊙ Basel 24.–28.6.1966 (A 1017): 8. Didacta
⊙ Basel 28.5.–1.6.1970 (A 1181): 10. Didacta
⚒ Basel 1966 (M 4.1.337): 8. Didacta
⚒ Basel 1970 (M 4.1.399): 10. Didacta

Art (Internationale Kunstmesse)

Erstmals im Jahre 1971 wurde die Internationale Kunstmesse mit einem Postwerbestempel bekanntgemacht, es handelte sich dabei um die Art 2/71. Der nächste Stempel folgte dann erst 1976, von da an gab es jährlich eine Flagge mit ähnlicher Gestaltung.

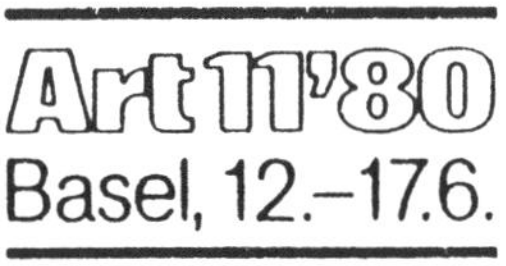

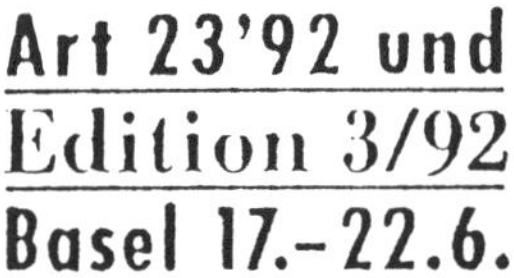

⚒ Basel 1971 (M 4.1.415): Art 2
⚒ Basel 1976 (M 4.1.501): Art 7
⚒ Basel 1977 (M 4.1.521): Art 8
⚒ Basel 1986 (M 4.1.845): Art 17

Edition

Die «Edition» ist eine Tochter der Art, die erstmals 1990 abgehalten wurde mit dem Ziel, auch Graphiken und Multiples vorstellen zu können. 1990 nahmen 105 Graphikgalerien und -verleger aus vierzehn Ländern teil.

⚒ Basel 1990 (M 4.1.1000): Art 21 und Edition 1

Schweizerische Kunst- und Antiquitätenmesse

Mit gleichbleibendem Stempel wird seit 1977 für die Kunst- und Antiquitätenmesse geworben, die in diesem Jahr zum 18. Mal durchgeführt wurde. Weitere Stempel folgten ab 1981 alljährlich.

⚒ Basel 1977 (M 4.1.517): 18. Messe
⚒ Basel 1978 (M 4.1.543): 19. Messe
⚒ Basel 1981 (M 4.1.638): 22. Messe
⚒ Basel 1992 (M 4.1.1072): KAM International

Maintenance 90

Internationale Fachmesse und Kongress für Unterhalt und Instandhaltung.
⚒ Basel 1990 (M 4.1.986)

Basel isst und trinkt

Wurst und Senf, Milch und Brot

Im Rahmen der Mustermesse werden auch Betriebe der Verpflegungsindustrie vorgestellt, zudem gibt es diesbezüglich besondere Fachmessen. Einschlägige Firmen verwenden zum Teil Frankiermaschinen. Wir können an dieser Stelle nur ein paar Beispiele bringen.

Gastgewerbe und IGEHO

Eine der Fachmessen, die regelmässig in den Hallen der Messe Basel abgehalten werden, ist die IGEHO, die «Internationale Fachmesse für Gemeinschaftsverpflegung Hotellerie und Restauration». Erstmals wurde sie 1965 durchgeführt. Eingebettet in die IGEHO war Basel 1977 zudem Austragungsort des «1. Salon Culinaire Mondial», organisiert vom Gastronomiefachmann und vielseitigen Manager Max König. 590 Aussteller nahmen daran teil, mit einer Ausstellungsfläche von 58 000 m^2; der Einladung folgten rund 1100 Teilnehmer aus über 500 Betrieben in 22 europäischen und überseeischen Ländern. Der kameradschaftliche Wettstreit unter den besten Fachleuten bereitete denn auch «mit 1200 Platten und 4000 Tellergerichten eine einzigartige Augenweide».[1] Verschiedene Postwerbeflaggen weisen auf die IGEHO hin.

⊙ Basel 18.6.–7.7.1921 (S 70): Gastwirtsgewerbe-Ausstellung
⚒ Basel 1921 (M 4.1.7): 3. Schweiz. Gastwirtsgewerbe-Ausstellung
⚒ Basel 1979 (M 4.1.599)
⚒ Basel 1981 (M 4.1.664)
⚒ Basel 1983 (M 4.1.738)
⚒ Basel 1985 (M 4.1.820)
⚒ Basel 1987 (M 4.1.909)
⚒ Basel 1989 (M 4.1.982)
usw.

[1] Aus dem königlichen Familienalbum, E. A. Meier, p. 142.

Klöpfer von Bell

Ein typischer Basler Ausdruck für eine bestimmte Wurst ist «Klöpfer», andernorts «Cervelat» genannt. Hinweis auf diesen Ausdruck gibt ein Frankostempel der Firma Bell, einer traditionsreichen Grossmetzgerei aus Basel. Das Geschlecht stammt ursprünglich aus der Grafschaft Saarwerden in Lothringen. Ein Laurenz Bell liess sich 1718 als Kronenwirt in Kleinhüningen nieder und wurde hier Bürger. Einer seiner Nachkommen, Metzgermeister Samuel Bell, bürgerte sich dann 1816 in Basel ein. Schliesslich war es aber dann dessen Enkel Samuel (1840–1920), der mit seinen Söhnen Samuel und Rudolf im Jahre 1907 unter der Firmenbezeichnung Samuel Bell Söhne AG eine Großschlächterei gründete. Die Bell AG war damals das grösste Unternehmen seiner Art auf dem europäischen Kontinent. Der Name Bell lebt weiter fort, inzwischen hat die Firma jedoch ihre Selbständigkeit verloren, sie wurde von der Coop-Genossenschaft übernommen.

↠ Basel (um 1935): Bell's Klöpfer die Besten!

Senf und Zichorie von Thomi & Franck

In der zweiten Hälfte des 19. Jahrhunderts wurde auch in der Schweiz begonnen, geröstete Zichorienwurzeln als Kaffeeersatz zu verwenden. Zwei Unternehmen in der Schweiz befassten sich damit, nämlich die 1860 gegründete Firma Helvetia AG (Thomi+Meister) in Langenthal und Heinrich Franck Söhne AG in Basel. Neben der Verbesserung ihrer Kaffeemittel forschte die Helvetia AG auch auf anderen Gebieten der Lebensmittelherstellung und produzierte 1907 den ersten industriell hergestellten Tafelsenf der Schweiz. In den zwanziger Jahren gelang es, die gerösteten Zichorien als Pulver statt wie bis anhin in Form der üblichen feuchten Blöcke auf den Markt zu bringen. Im Laufe der Zeit ergab sich zwischen den beiden Konkurrenten Helvetia AG und Heinrich Franck Söhne AG ein Grad der Kooperation, der einen Zusammenschluss nahelegte. 1930 fusionierten die beiden Unternehmen unter dem Namen Thomi + Franck. Als erste Firma der Welt brachte Thomi+Franck Senf in einer innenemaillierten Tube auf den Markt. 1951 gelang erstmals die industrielle Fertigung von Mayonnaise ohne jegliche chemische Zusatzmittel.

1971 erhielt Nestlé 51% des Aktienkapitals, 1988 übernahmen mangels Nachfolger die Firmenleiter Marc und Paul Thomi den restlichen Anteil.

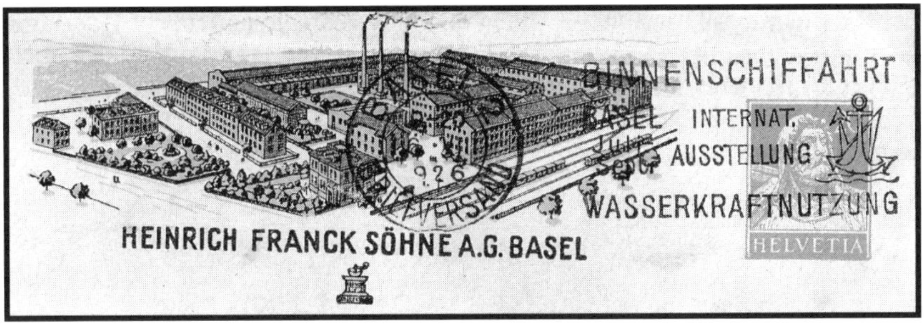

⊠ Schweiz Diverse Privatganzsachen Heinrich Franck Söhne. Die dargestellten Gebäude wurden zwischen 1884 und 1886 erbaut.

⊠ Schweiz um 1907 Tellknabe 71/2 c: Anzeige für den Anbau von Zichorienwurzeln.

Brauereien

Um 1860 gab es in Basel neunzehn Brauereien, deren Zahl immer mehr zurückging. Damals galt Basel in der Schweiz als Bierstadt par excellence. Bei diesen Brauereien handelte es sich um ausgeprägte Hausbrauereien, die ursprünglich nur für den Ausschank in der sich mit der Brauerei unter gleichem Dach befindlichen Wirtschaft produzierten. 1856 wurde von Niklaus Emanuel Merian-Seeber, ebenfalls als Haus- und Wirtschaftsbrauerei, die Brauerei zum Warteck gegründet, die anlässlich ihres 125jährigen Jubiläums (1981) gesamtschweizerisch an sechster Stelle stand. Doch auch sie musste ihre Selbständigkeit aufgeben und wurde 1989 von der Brauerei Feldschlösschen übernommen.[2]

➝ Basel, Brauerei zum Warteck

Kirsch und Rum

Das Baselbiet mit seinen unzähligen Kirschbäumen ist berühmt für seinen vorzüglichen Kirsch, auf welchen Freistempel hinweisen. Als Markennamen finden wir hier unter anderem «Basler Dybli», für uns Philatelisten beson-

[2] Basler Stadtbuch 1981, p. 141–144.

ders sympathisch, und dann auch den «General-Suter-Kirsch», der uns ebenfalls nicht unbekannt ist. Philatelistisch belegen lassen sich dann auch Rum Coruba und Eiercognac Senglet, beides Produkte aus Basel. In der Weltmarke Coruba versteckt sich die Firmenbezeichnung «Compagnie Rhumière Bâle».[3]

•+ Basel, Kirsch Basler Dybli
•+ Muttenz, Brennerei Senglet: Danziger Gold

Coca-Cola

Um auch dem Durst gerecht zu werden, sei noch auf die Freistempel der Firma Delisca AG in Birsfelden hingewiesen, die für das hinlänglich bekannte Getränk Coca-Cola werben.

•+ Birsfelden, Coca-Cola

[3] Schaffendes Basel, p. 269.

Basler Leckerli

In Basel gibt es mehrere Hersteller von Leckerli, der berühmten Basler Spezialität. Philatelistisch sind sie kaum belegbar, aber dankbar wollen wir doch erwähnen, dass das Basler Läckerli-Huus seit vielen Jahren seine Sendungen ins Ausland philatelistisch frankiert, eine gute Werbung für unser Hobby!
Das Läckerli-Huus ist ein traditionsreiches Familienunternehmen, das aus der Confiserie Mosetter entstanden ist. Ein Vorfahre der heutigen Inhaber beteiligte sich an dieser Confiserie, übernahm sie und baute schliesslich im Jahre 1904 in Münchenstein eine Fabrikationsstätte für Basler Leckerli. Für das hundertfünfzigjährige Jubiläum des «Basler Dybli» hat das Läckerli-Huus eine besondere Leckerlipackung gestaltet, welche an der Ausstellung «Basler Taube '95» als Souvenir gekauft werden kann.
Die schön frankierten Auslandspakete des Läckerli-Huus werden im Hause mit einem Poststempel abgestempelt, der mit den Buchstaben «LH» seine Herkunft zu erkennen gibt. Auch dies dürfte gesamtschweizerisch wohl ein Unikat darstellen, aber so wird garantiert, dass die Marken sauber entwertet werden.

⊗ 4002 Basel 2 Annahme: Handrollstempel mit Kennzeichen LH, in ausschliesslichem Gebrauch des Läckerli-Huus (Klein AG)
✉ Schweiz um 1911 5 c Tellknabe: Leckerlifabrik Riggenbach

Basel, die Kongreßstadt

Basel ist nicht nur eine Messe-, sondern auch eine Kongreßstadt. Zahlreiche Kongresse sind mit einer Ausstellung verbunden, darüber hinaus gibt es auch zahlreiche Kongresse ohne Nebenveranstaltungen. Nur ein kleiner Teil dieser Kongresse lässt sich philatelistisch belegen, zum Teil wurde schon in anderen Abschnitten darauf hingewiesen. Es ist nicht möglich, auf sämtliche Veranstaltungen einzugehen, die folgende Auswahl muss genügen.

Internationaler Socialisten-Kongress

⊙ Basel 25.11.1912 (S 47): Kongressbureau

Allschlaraffisches Conzil

1989 fand in Basel das Allschlaraffische Conzil statt, ein Sonderstempel mit einer Eule weist darauf hin. Die Schlaraffia ist eine Vereinigung zur Pflege von Geselligkeit, Kunst und Humor unter einem vorgeschriebenen Zeremoniell. Sie wird zu Unrecht als eine Art Freimaurerei angesehen, obschon ihr Zeremoniell unter anderem den Freimaurern eigene Formen enthält. Die Schlaraffia wurde 1859 von deutschen Künstlern und Kunstfreunden in Prag gegründet und als Allschlaraffia in Mitteleuropa, Amerika und Asien verbreitet. Die Satzungen sehen drei Stufen (Knappen, Junker, Ritter) vor. Die Schlaraffia wurde 1937 in Deutschland, später auch in Österreich aufgelöst. Seit 1947 lebten zahlreiche Reyche (Ortsgruppen) in der BRD und in Österreich wieder auf.

⊙ 6.–7.10.1989 Basel (S 1379):
XX. Allschlaraffisches Concil Basilea

Wachtturm-Kongress

Kongress der Zeugen Jehovas (früher auch Russelliten, bis 1931 Ernste Bibelforscher). Der Kaufmann Ch. T. Russell aus Pittsburgh stand einer Splittergruppe der Adventisten nahe und gab seit 1879 die Zeitschrift «Zion's Watch Tower and Herald of Christ's Presence» heraus, heute «Watch Tower», deutsch «Wachtturm». 1881 gründete er die «Zion's Watch Tower Tract Society» als Geschäftsfirma, die das organisatorische Rückgrat der «Ernsten Bibelforscher» wurde. 1891 besuchte Russell erstmals die Schweiz, und ab 1900 begann der Amerika-Schweizer A. Weber im Jura mit ersten Gemeindegründungen. Für das Jahr 1914 wurde der Anbruch des Reiches Gottes auf Erden prophezeit. Nach dem Tode Russells 1916 bildete J. F. Rutherford die Bewegung zu einer straffen religiös-ideologischen Organisation um. Die eigene Zeitschrift erscheint seit 1946 unter dem Namen «Erwachet». Die Gemeinschaft zählt in der Schweiz etwa 15 000 Mitglieder. Einnahme von Blut, von bluthaltigen Speisen sowie Bluttransfusionen werden mit Hinweis auf die Apostelgeschichte 15, 28–29 abgelehnt.

⊙ Basel 14.–18.7.1965 (A 985)

Wirtschaft

Neben Chemie und Pharmazie gibt es in Basel weitere Industriezweige von Bedeutung. Philatelistisch treten sie nicht gross in Erscheinung, doch lassen sich zahlreiche Firmen und Betriebe durch Freistempel oder durch Privatganzsachen belegen. Eine Vollständigkeit zu erstreben wäre vermessen, wir lassen es deshalb hier mit ein paar besonders interessanten Belegen bewenden.

⊙ Basel 1901 (S 22): Basler Gewerbeausstellung

Basler Glühlampenfabrik

Eine Privatganzsache weist auf eine ehemalige Glühlampenfabrik hin. 1875 verbesserte der Ingenieur Emil Bürgin (1848–1933) die in Deutschland erfundene Dynamomaschine und gründete am Claragraben eine Fabrik zur Produktion elektrischer Bogenlampen. Um 1900 gab es in Basel etwa 400 Strombezüger mit 15 000 Glühlampen.[1] Eine Firma Albert Scheidegger bot Glühstrümpfe für Lampen an.

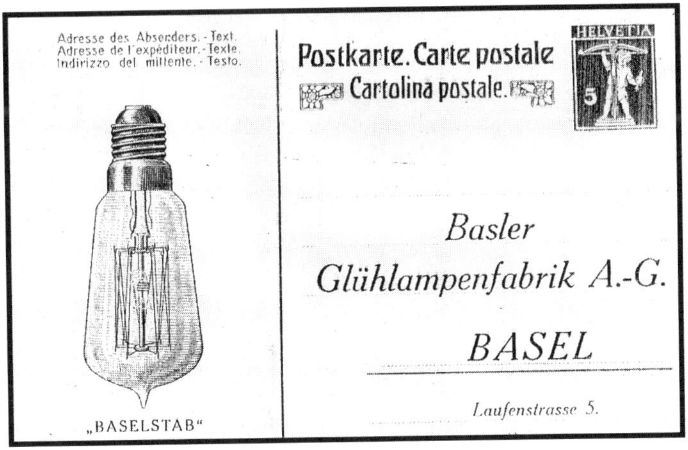

[1] Basler Geschichte, R. Teuteberg, p. 344.

✉ Schweiz um 1907 5 c Tellknabe: Basler Glühlampenfabrik
✉ Schweiz um 1907 2 c Tellknabe: Albert Scheidegger

Elektrizitätswerk Lonza AG, Basel

1897 wurde in Gampel, Kt. Wallis, die Firma Lonza als Elektrizitätswerk und chemische Fabrik gegründet. Die Verwaltung befand sich ursprünglich in Lausanne, wurde dann nach Basel verlegt. Firmensitz noch heute in Gampel. Man befasste sich mit Stromerzeugung und mit elektro-metallurgischen Produkten. Zu Beleuchtungszwecken wurde Karbid hergestellt, welches allmählich durch den elektrischen Strom verdrängt wurde. Im Sinne einer Diversifikation wurden schliesslich organische Basischemikalien hergestellt, die in der Basler Grosschemie ihre Abnehmer fanden.

☐ Schweiz/Basel um 1917: Elektrizitätswerk Lonza Firmendurchlochungen (Perfins) mit den Initialen «EB»

Die Rheinsalinen

Salz ist ein lebenswichtiges Mineral, das hier nicht übergangen werden soll, zumal sich die Rheinsalinen als Hauptlieferanten von Kochsalz (Natriumchlorid) in unmittelbarer Nähe von Basel befinden. Nach 1820 unternahm der deutsche Bauingenieur Karl Glenck verschiedene Bohrversuche nach Salz in der Schweiz, zuerst erfolglos, bis er 1835 Salz beim Roten Haus in der Gemeinde Muttenz (Baselland) fand. Er erhielt in der Folge eine Konzession und das Monopol an der neuen Saline für siebzig Jahre, die er am 7. Juli 1837 etwas mehr rheinaufwärts bei Pratteln eröffnete und zu Ehren des Landes Schweizerhall nannte. 1897 wurde der Vertrag mit dem Rechtsnachfolger bis 1940 erneuert.[2]

⚒ Pratteln: Verschiedene Freistempel der Rheinsalinen
⊙ Schweizerhalle Ortsstempel

Die Banken

In Basel gab es seit langem eine stattliche Anzahl von Privatbanken, weshalb sich die Gründung einer Staatsbank erst relativ spät, nämlich 1899, aufdrängte. Gegen Mitte des 19. Jahrhunderts vermochten die Basler Privatbanken und Sparkassen dem steigenden Finanzbedarf der Industrie und der Eisenbahnen je länger je weniger zu genügen. Dies veranlasste ein paar Bankfirmen zur Bildung eines Konsortiums, genannt «Bank-Verein». Eine zweite Gruppe gründete 1862 die Basler Handelsbank. Erst 1872 schritt man zur Gründung einer neuen Bank unter der Bezeichnung «Basler Bank-Verein». 1895 folgte die Fusion mit dem Zürcher Bankverein, nach Übernahme der Unionbank in St. Gallen und der Basler Depositenbank wurde die Firmenbezeichnung in «Schweizerischer Bankverein» abgeändert.[3]
Auch die Schweizerische Bankgesellschaft ist eng mit Basel verbunden, schon acht Jahre nach ihrer Gründung, 1920, fasste sie in Basel Fuss. Neben den Grossbanken gibt es in Basel über zwei Dutzend kleinere oder Privatbanken. Die Sparkasse Basel ist eine der ältesten Gründungen der Gesell-

[2] Historisch-Biographisches Lexikon VI, p. 25.
[3] Schaffendes Basel, p. 278ff.

schaft für das Gute und Gemeinnützige (GGG) und geht auf das Jahr 1809 zurück. Neben dieser Kasse gibt es in der Schweiz nur noch eine andere Bank, die die Rechtsform einer Stiftung gewählt hat.[4]
Wohl alle Banken verfügen über eine Frankiermaschine, mit deren Stempelabdruck sie sich belegen lassen. In den meisten Fällen ist jedoch kein Werbeeinsatz vorhanden, weshalb sie für den Sammler von geringem Interesse sind. Vermutlich gibt es frühere Privatganzsachen, wie das hier gezeigt Beispiel.

✉ Schweiz, Basler Handelsbank um 1907 2 c: Wechselstube Zürich
➻ Allschwil 1974: Basellandschaftliche Hypothekenbank 125 Jahre

Die Versicherungen

Die Basler Versicherungsgesellschaft gegen Feuer (Bâloise Feuer) wurde 1863 gegründet unter dem Eindruck der gewaltigen Brandkatastrophe von Glarus am 10./11. Mai 1861, deren Schäden von neun Millionen Franken kaum zur Hälfte durch Versicherungen gedeckt waren. 1906 folgte die Versicherung gegen Diebstahl, in den folgenden Jahren weitere Sparten.
Die Schweizerische Lebensversicherungsgesellschaft Pax, gegründet 1876, ist ebenfalls ein baslerisches Unternehmen. Die Patria Leben ist aus den

[4] Basler Stadtbuch 1977, p. 15.

Wurzeln der Gesellschaft für das Gute und Gemeinnützige (GGG) hervorgegangen, welche die Gesellschaft anlässlich ihrer Säkularfeier 1877 aus der Taufe hob.[5] Basel ist auch Hauptsitz der Schweizerischen National-Versicherungs-Gesellschaft, der Alba, der Coop Leben und des Versicherungsverbands Schweizerischer Transportunternehmungen.[6]
Die meisten dieser Versicherungen führen Frankiermaschinen.

ACV und Coop

Der Basler Allgemeine Consumverein (ACV) wurde im Jahre 1865 als Genossenschaft gegründet, der Mitglieder aus allen Teilen der Bevölkerung angehörten. Die wirtschaftliche Krise bewirkte in der Bevölkerung eine grosse Notlage, und die hungernden Arbeiter wurden zur Auswanderung nach Amerika veranlasst. Im englischen Rochdale war im Dezember 1844 mit einem Kapital von 28 Pfund der erste Konsumvereinsladen der Welt eröffnet worden. Im März 1865 klagte die Basler Regierung über den «Jammerfrühling». Ein Hilfskomitee verteilte Lebensmittel an Arbeitslose. Eine Selbsthilfeorganisation bezweckte die Behebung der damals ausserordentlich schwierigen wirtschaftlichen Lage weiter Bevölkerungskreise. Dennoch kam diese Gründung nicht auf Anstoss der im Entstehen begriffenen Arbeiterbewegung zustande, sondern auf Anstoss sozial und christlich gesinnter bürgerlicher Kreise. Der erste Laden wurde am 9. September 1865 am Spalenberg 126 in Betrieb genommen. Mitglied wurde man durch den Erwerb einer unverzinslichen «Consum-Verein-Actie» im Nennwert von drei Franken. Der erste Tagesumsatz betrug stolze 146 Franken. Der erste Jahresbericht per 1866 registrierte 555 Mitglieder und 181 021 Franken Umsatz.[7,8] Schon früh hat der ACV auch die Eigenproduktion an die Hand genommen. Bäckerei, Metzgerei (1871), Molkerei (1884) und Getränkeabteilung gehörten zu den grössten Produktionsbetrieben des Landes. 1890 wurde in Olten

[5] Basler Stadtbuch 1977, p. 16.
[6] Basler Stadtbuch 1976, Hansjörg Batz, p. 75.
[7] Jahresbericht 1989 «125 Jahre Coop».
[8] Basler Stadtbuch 1990, Annemarie Bilgeri, p. 184.

der Verband der Schweizerischen Konsumvereine gegründet; das war die Geburtsstunde des Coop Schweiz. Anlässlich des neunzigjährigen Bestehens wurde die ACV-Messe abgehalten, dokumentierbar mit einer Postwerbeflagge. Damals gehörten rund neunzig Prozent der Basler Bevölkerung dem ACV als Mitglied an. Die Umbenennung in Coop Basel ACV erfolgte per 1. Januar 1970, und seit 1. Juli 1991 heisst es Coop Basel.[9]

⊙ Basel 3.–11.9.1955 (A 705): ACV-Messe
⚒ Basel: Coop, diverse Freistempel

Union Trading Company

Im Jahre 1859 gründeten Kaufleute, die der Basler Mission nahestanden, die Basler Missions-Handlungs-Gesellschaft.
Damit sollten die Verkaufsläden, Webereien und Ziegeleien, die von Missionaren in Indien und Ghana betrieben wurden, auf eine solide kaufmännische Basis gestellt werden. 1917 trennten sich die Wege der Basler Mission und der Basler Handlungs-Gesellschaft. Sämtliche Verbindungen wurden gelöst. Unter Basler Leitung entstand ein bedeutendes Unternehmen, das vor allem in Westafrika und in Indien tätig war. Nach den Wirren des Ersten Weltkrieges, in denen der gesamte Besitz in Indien und Ghana durch die bri-

[9] Information Coop Basel, Dokumentation, 10. Januar 1995.

tische Regierung beschlagnahmt wurde, erfolgte der Wiederbeginn in Westafrika durch eine neu gegründete Gesellschaft: die Union Trading Company (UTC). Vierzig Jahre später gründete die UTC Tochtergesellschaften in Hongkong und Japan. 1977 erwarb UTC die Mehrheitsbeteiligung am Warenhaus Jelmoli. Schliesslich wurden Stützpunkte in Europa und Nordamerika aufgebaut.

→ Basel UTC
→ Basel Jelmoli

Persil

Im Jahre 1907 gelangte das erste Markenwaschmittel, das Persil, auf den Markt. Die Firma Henkel in Düsseldorf gründete dann auch in Basel eine Niederlassung, belegbar mit einer Privatganzsache. Heute befindet sich die Firma in Pratteln.

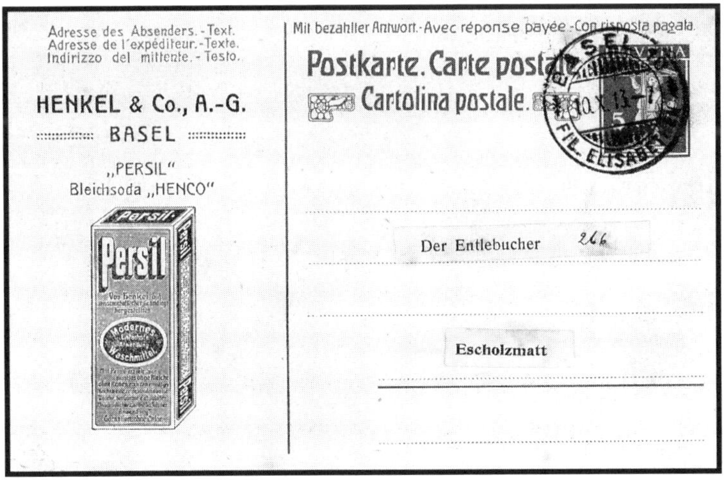

✉ Schweiz um 1911 Tellknabe 5 c

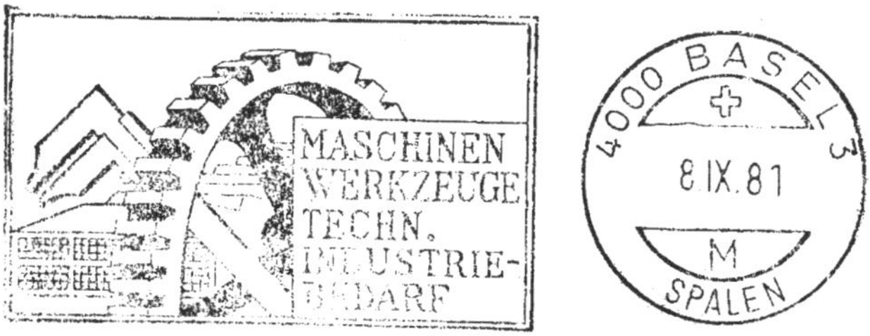
MASCHINEN
WERKZEUGE
TECHN.
INDUSTRIE-
BEDARF
4000 BASEL 3
8 IX. 81
M
SPALEN

4010 BASEL 10
19.12.94
ELISABETHEN
HELVETIA
P 0060 P
22704

4000 BASEL 10
13.-5.82
M
ELISABETHEN
P 040 P
HELVETIA

JURA-
SEL
JURA-
SEL
4133 PRATTELN 4
-4.10.94
SCHWEIZERHALLE
HELVETIA
P 0060 P
17910

Die Post geht ab

Post und Philatelie werden gross geschrieben in Basel. Aus diesem Grunde entstand auch diese Publikation. Von jeher gab es aktive Philatelisten in Basel, was sich in mehreren grossen Briefmarkenausstellungen niederschlug. Begonnen hat es aber eigentlich mit der Basler Taube 1845, wobei die Vorphilatelie freilich nicht vergessen werden darf.

Basler Täubchen

Es hiesse Wasser in den Rhein tragen, hier über das berühmte Basler Täubchen zu schreiben. Es ist wohl die bekannteste und populärste Briefmarke der Schweiz und zugleich auch eine der berühmtesten Briefmarken der Welt. Erschienen 1845 als erste dreifarbige Briefmarke der Welt, kombiniert mit Prägedruck. Verschiedentlich wurde das Basler Täubchen auch auf ausländischen Wertzeichen und Stempeln dargestellt.

☐ Schweiz 1845 $2^{1}/_{2}$ c (Znr. 8)
☐ Schweiz 1945 Block (Znr. W 22–23)
☐ Schweiz 1995 80+40 c (W 75) Block zur Basler Taube '95
☐ Schweiz Soldatenmarken 1939 Ter. Füs. Bat. 179
☐☐ Italien 1985 500 L (Zumst. 1967): Block zur «Italia 85»
☐ Ungarn 1974 3 Ft (Zumst. 2931): Basler Täubchen und Läuferfigur beim Rathaus
✉ Ungarn 1974 3 Ft: Luftpostganzsachenumschlag zur Internaba (wie vor)
☐☐ Cameroun 1977 50 F (Mi. 850): Briefmarke von Kamerun und Basler Täubchen
☐ Korea Nord 1983 30 ch (Mi. 2362): Basler Täubchen, Flaggen, Signet der TEMBAL '83
☐ Niue 1979 30 c (Mi. 248–249, 276, 338, 348): Basler Täubchen und Postkutsche
☐ Umm al Qwain 1966 5 NP (Mi. 58, 151): Basler Täubchen, Doppelgenf, Zürich 4
☐ Nicaragua
☐ Uruguay 1994 Block zur «Uruguay 94»

⊙ Ste-Croix 1958 (A 811) 30 Jahre «Société Philatélique Ste Croix»
⊙ Hamburg 1.11.1970: Sonderstempel zum Tag der Briefmarke
⊙ D–1000 Berlin 30: Freistempel der Firma Wapler zur TEMBAL '83
✉ Schweiz 10 c (Nr.137/4)

URUGUAY CORREOS 06677
URUGUAY
150 AÑOS
SELLO SUIZO
URUGUAY
125 AÑOS NACIMIENTO
Dr. HUGO ECKENER
URUGUAY CORREOS $1
URUGUAY CORREOS $1
URUGUAY
URUGUAY
25 AÑOS
APOLO 11
FIRST MAN ON THE MOON
CAMPEONATO
MUNDIAL DE FUTBOL USA 1994
URUGUAY CORREOS $1
URUGUAY CORREOS $1
FISA
EXPOSICION FILATELICA
URUGUAY
C. MENCK FREIRE

Société
Philatélique
Ste Croix
25-26 octobre
1928
1958

BASEL
14
APRIL
1945
100 JAHRE BASLER TAUBE

INTERNABA
JOURNEE
DES NATIONS
UNIES
BÂLE 15.6.1974

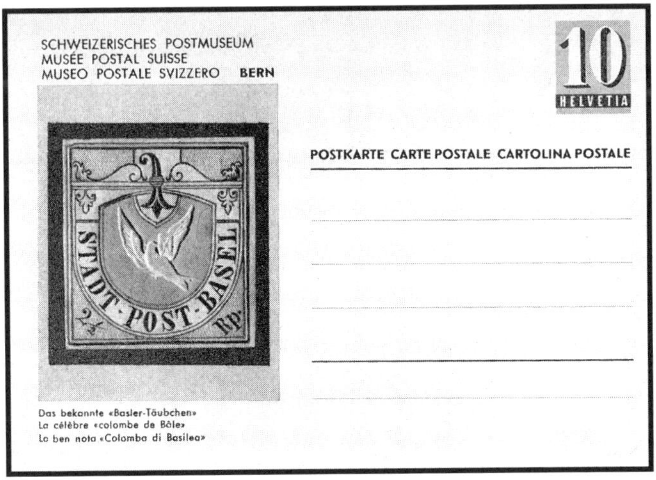
SCHWEIZERISCHES POSTMUSEUM
MUSÉE POSTAL SUISSE
MUSEO POSTALE SVIZZERO BERN
STADT-POST-BASEL
10
HELVETIA
POSTKARTE CARTE POSTALE CARTOLINA POSTALE
Das bekannte «Basler-Täubchen»
La célèbre «colombe de Bâle»
La ben nota «Colomba di Basilea»

Imaba

Der Reigen grosser philatelistischer Anlässe in Basel begann vom 21. bis 29. August 1948 mit der internationalen Briefmarkenausstellung Imaba.

☐ 1948 Block W31: Johann Rudolf Wettstein (wie Freimarke Znr. 281)
⊙ Basel 21.–29.8.1948 (A 461): zwei Brieftauben
⊙ Basel 21.–29.8.1948 (S 298): Baselstab und Brief

Naba

Erstmals fand in Basel eine Nationale Briefmarkenausstellung vom 4. bis 13. Juni 1971 statt.

☐ Schweiz 1971 30 c (Znr. 493)
☐ Schweiz 1971 Block (W 45)
⊙ Basel 1971 Stilisierter Baselstab mit Taube (S 764)
⚒ Basel 1971 (M 4.1.414)

Internaba

Das hundertjährige Bestehen des Weltpostvereins (UPU) war Anlass für eine Weltbriefmarkenausstellung unter FIP-Patronat. Der Anlass kann mit zahlreichen ausländischen Sonderstempeln und Briefmarken belegt werden, auf deren vollständige Aufzählung wir hier verzichten müssen.

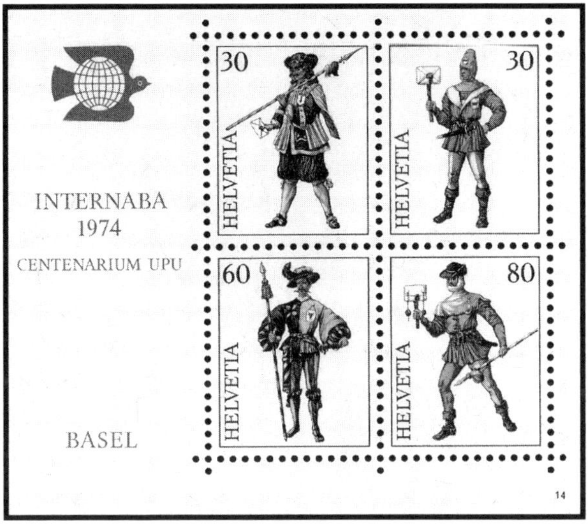

□ Schweiz 1974 Block (W50): Standesläufer
⚒ Basel 1974 (M 4.1.459)

TEMBAL '83

Nach Themabelga, Portucale und Brasiliana war die TEMBAL die vierte Weltmotivbriefmarkenausstellung unter dem Patronat der FIP. Sie fand vom 21. bis 29. Mai 1983 in Basel statt. Zahlreiche ausländische Briefmarken, Ganzsachen und Stempel nehmen Bezug auf diese Ausstellung. Auch diese Liste wäre hier zu umfangreich; man konsultiere Publikation Nr. 22 unserer Schriftenreihe.

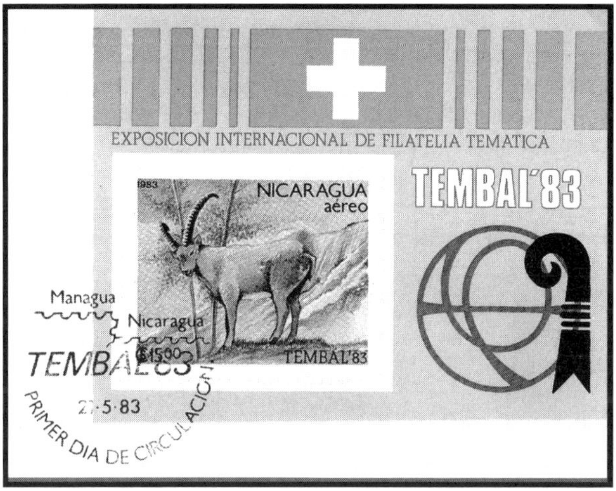

⊙ Basel 1983 (S 1136. 1137, 1138)
✉ 1983 40 c Bildpostkarte (Nr.179)
✉ 1983 40 c Bildpostkarte mit Zudruck des Organisationskomitees

Basler Taube '95

Die Nationale Briefmarkenausstellung zum 150jährigen Jubiläum des Basler Täubchens schliesst vorläufig den Reigen grosser Briefmarkenausstellungen in Basel ab. Ein schöner Ausstellungsblock, eine Postkarte und ein paar Stempel weisen auf den Anlass hin.

□ Schweiz 1995 Block 5 Fr (W75)
✉ Schweiz 28.11.1994 Postkarte 60 c
➞ 4057 Basel 19 Frankostempel (Ersttag 2.8.1994)
➞ 8050 Zürich Frankostempel des VSPhV
⊙ Bern 1995 Ersttagsstempel: Basler Täubchen
⊙ Basel 27.–25.6.1995 Ausstellungsstempel: Logo
⊙ Basel 27.–25.6.1995 Junaphilex: Irrgarten
⊙ Basel 24.6.1995 Tag der Basler Taube: Porträt Melchior Berry

Regionale und lokale Ausstellungen, Tag der Briefmarke

Neben den Grossanlässen wurden verschiedentlich kleinere Ausstellungen in der Regio Basiliensis ausgerichtet, vorab die Regiophil (Liestal 1961), dann mehrere Auflagen der Balabra (Aesch, Arlesheim, Liestal, Pratteln, Sissach), Ausstellungen der Stufe 3. Schliesslich zahlreiche Werbeschauen, seit vielen Jahren stets zum Tag der Briefmarke in Basel, veranstaltet im Turnus von einem der sechs Basler Philatelistenvereine. 1989 fand diese Werbeausstellung unter dem Namen Regiophila statt, der Maschinenstempel zeigt Trachten aus Basel, dem Elsass und aus Baden. Derselbe Name findet sich 1994 in einem Sonderstempel. Hier sei auch der Philatelistenkongress 1932 erwähnt.

⊙ Basel 11.–12.6. 1932 (S 144): Schweizerischer Philatelisten-Kongress
⊙ Basel 4.12.1938 (S 191): Tag der Briefmarke (ohne Bild)
⊙ Basel 1942 (S 237): Schweizerischer Philatelistenkongress Basel
⊙ Basel 4.12.1955 Tag der Briefmarke (S 403): Münster
⊙ Basel 1.12.1957 Tag der Briefmarke (S 452): Wappen
⊙ Liestal 1961 (S 525): Regiophil

⊙ Basel 23.–24.10.1965 Jumelage philatélique européenne (S 604): Wappen
⊙ Basel 3.12.1966 Jumelage Basel Mulhouse Freiburg (S 628)
⊙ Basel 4.12.1966 (S 629): Tag der Briefmarke
⊙ Basel 23./24.9.1967 (S 647): Israel-Briefmarkenausstellung
⊙ Liestal 1968 (S 688): Balabra: Wappen
⊙ Arlesheim 1972 (S 801): Balabra II: Wappen
⊙ Sissach 1979 (S 1001): Balabra III
⊙ Aesch 1985 (S 1210): Balabra IV
⊙ Pratteln 1991 (S 1416): Balabra V
⊙ Basel 13.–16.10.1988 (S 1344): 25 Jahre Schweiz. Verein der Israel-Philatelisten
⊙ Basel 4.–13.3.1988 (S 1354): Mubaphil / UNO-Postverwaltung
⚒ Basel 1989 Regiophila (M 4.960)
⊙ Basel 1989 Regiophila (S 1367)
⊙ Basel 3./4.12.1994 Regiophila: Wappen

Post und Telefon

Der erste eidgenössische Generalpostdirektor war Benedict La Roche-Stehelin (1802–1876) aus Basel, er trat sein Amt am 9. Januar 1849 an, zwei Tage nach dem Amtsantritt von Bundesrat Naeff, der als Begründer des schweizerischen Postwesens gilt. La Roche war 1833–1848 Mitglied der baselstädtischen Postkommission, hat so den Aufbau des Basler Postwesens mitbeeinflusst und war auch bei der Einführung des Basler Täubchens mitbeteiligt. Als Generalpostdirektor war er massgebend an der Errichtung der eidgenössischen Postorganisation beteiligt. Nach dem Ersten Weltkrieg trat der Kreispostdirektor von Basel mit Privatganzsachen in Erscheinung.

☐ Schweiz 1949 5c Posthorn (Znr. 291)
☐ Schweiz 1974 30c 125 Jahre Eidg. Post (Znr. 560)
✉ Schweiz um 1919 3 c Tellknabe F. Lichtensteiner, Kreispostdirektor

Postcheck: Die Einrichtung des Postchecks geht auf ein Postulat des Basler Nationalrats Carl Koechlin-Iselin (1856–1914) zurück. Der Postcheckdienst wurde 1906 gegründet mit dem Ziel, den Zahlungsverkehr zu erleichtern und zu vereinfachen. Eine Sondermarke von 1980 zeigt einen Girozettel.
☐ Schweiz 1980 20 c (Znr. 645)

Telefon: 1881 wurde in Basel das erste staatliche Telefonnetz mit 55 Teilnehmern in Betrieb genommen, nachdem der Bundesrat beschlossen hatte, Bau und Betrieb künftiger Anlagen den PTT zu übertragen. Die erste Auslands-

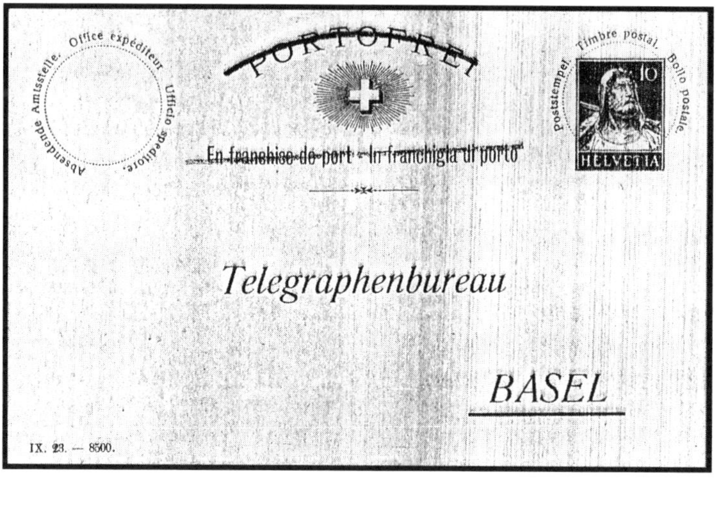

verbindung Basel–St-Louis wurde 1886 erstellt. Eine Sondermarke von 1980 erinnert an das hundertjährige Jubiläum des Telefons in der Schweiz.

□ Schweiz 1980 80 c (Znr. 648)

⚒ Basel 1981 (M 4.2.193): 100 Jahre Telefon in Basel

Telegraf: Aus dem Jahre 1923 stammt eine Antwortkarte des Telegraphenbureaus in Basel. Eine frühere Portofreiheitskarte wurde mit dem Wertzeichen Tellbrustbild bedruckt, der Vermerk «portofrei» durchstrichen, es gibt verschiedene Varianten.

✉ Schweiz 1923 10 c Tellbrustbild

Postverbindungen ab Basel

Als Grenzstadt spielt Basel eine bedeutende Rolle für den grenzüberschreitenden Postverkehr Schweiz–Frankreich und Schweiz–Deutschland. 1845 gab es einen Postvertrag zwischen Frankreich und Basel-Stadt, 1847 wurde in Basel ein französisches Postbüro eröffnet.

Der vorphilatelistische Faltbrief auf der Sondermarke zu der Naba Züri 1984 zeigt unter anderem den Ovalstempel 7/AED, wobei die 7 für das Grenzpostamt Huningue bei Basel steht.

Im Laufe der Zeit hat es zahlreiche Bahnpoststempel gegeben mit der Erwähnung von Basel als Ausgangs- oder Endpunkt. Eine Auswahl davon zeigen wir im Abschnitt «Eisenbahn».

□ Schweiz 1984 25 c (Znr. 705)

Schnapszahlen aus Basel

Schon lange gibt es Sammler, die an philatelistischen Zahlenreihen Freude haben, an sogenannten Schnapszahlen. Zum 11. Dezember 1913 liess ein G. Metz aus Basel bei der Wertzeichendruckerei der Oberpostdirektion in Bern private Karten mit den Wertzeichen Helvetia-Brustbild 10 c (Auflage 500 Stück) und Tellknabe 2 und 5 c (Auflage je 1000 Stück) bedrucken.

Philatelistenvereine

Die verschiedenen Basler Briefmarkensammlervereine dokumentieren sich indirekt durch die Stempel zum Tag der Briefmarke oder der Regiophila, die im Turnus abwechselnd von einem dieser Vereine durchgeführt werden. Der älteste Basler Verein ist der «Schweizerische Philatelistenverein Basel», zugleich die älteste philatelistische Gesellschaft der Schweiz. 1895 folgte der «Briefmarkensport Columbia», 1911 der «Briefmarkensammlerverein Merkur». Der «Philatelistenclub Phoenix» wurde 1916 gegründet. Zu der Regio gehören ferner: Briefmarkensammler-Club Basel, Great Britain & Philatelic Society, Briefmarkensammlerverein Birseck, Briefmarkensammlerclub Laufen, Briefmarkenclub Fricktal, Briefmarkensammlerverein Baselland und die Beruveba Basel.
Der Briefmarkensammlerverein Merkur feierte sein fünfundsiebzigstes Jubiläum mit einem Maschinenstempel.

⚒ Basel 1986 (M 4.2.255) Merkur Basel 1911–1986
⊙ Basel 24.–26.9.1982 (S 1109): 100 Jahre Schweizerischer Philatelistenverein Basel

Vorphilatelie, Altbriefe, Tagesstempel

Die Vorphilatelie, die markenlose Zeit, bringt dem Sammler auch für Basel eine Fülle von Stempeln. Bis zum heutigen Tag hat der Tagesstempel eine interessante Entwicklung durchgemacht. Es würde den Rahmen dieser Publikation sprengen, wollte man diesen Stempeln gebührend Rechnung tragen, es gibt dafür kompetentere Autoren. Wir begnügen uns hier mit der wahllosen Abbildung ein paar dieser Stempel.

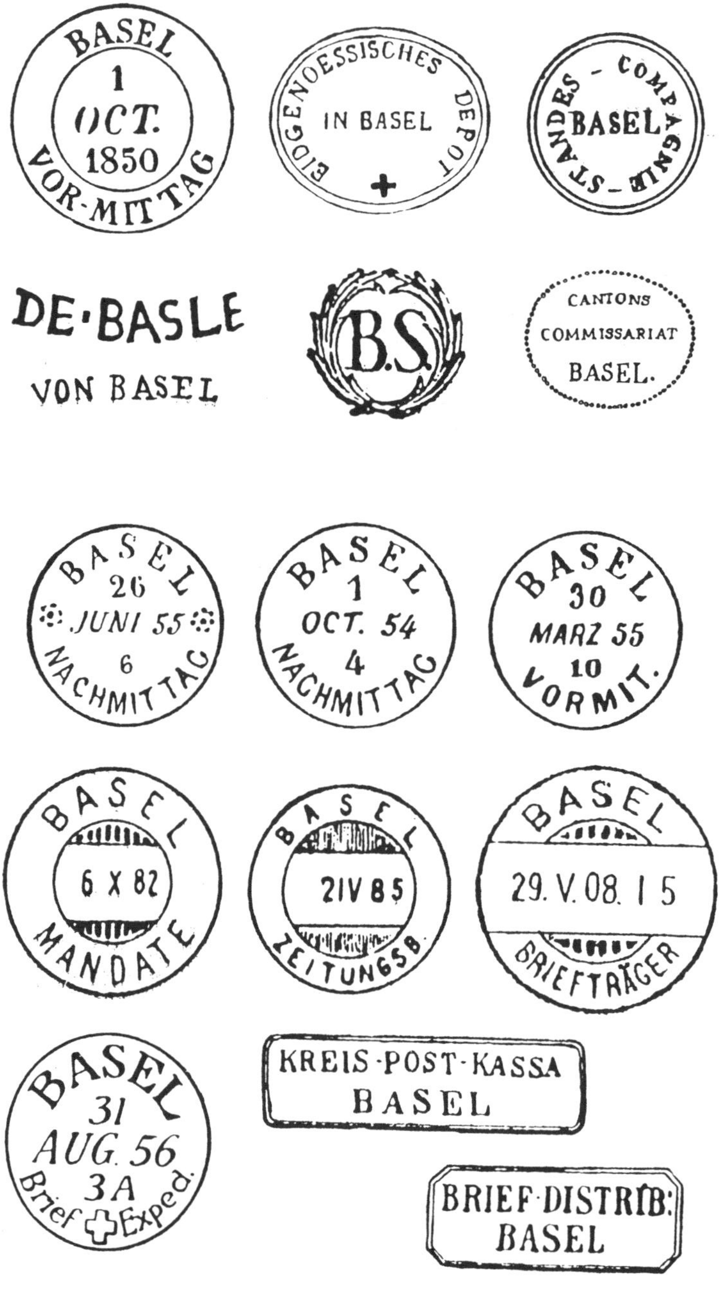
BASEL
1
OCT.
1850
VOR-MITTAG
EIDGENOESSISCHES DEPOT
IN BASEL
STANDES - COMPAGNIE
BASEL
DE·BASLE
VON BASEL
B.S.
CANTONS
COMMISSARIAT
BASEL.
BASEL
26
JUNI 55
6
NACHMITTAG
BASEL
1
OCT. 54
4
NACHMITTAG
BASEL
30
MARZ 55
10
VORMIT.
BASEL
6 X 82
MANDATE
BASEL
2IV 85
ZEITUNGSB
BASEL
29. V. 08. I 5
BRIEFTRÄGER
BASEL
31
AUG. 56
3A
Brief Exped.
KREIS-POST-KASSA
BASEL
BRIEF-DISTRIB:
BASEL

Sport und Spiel

Die Basler Bevölkerung ist bestimmt nicht weniger sportbegeistert als anderswo, wir verfügen hier sogar über ein Sportmuseum, aber mit den philatelistischen Belegen zu diesem Abschnitt ist es eher dürftig bestellt, sie konzentrieren sich hauptsächlich auf Stempel. Hier erwähnt werden soll die Sport-Toto-Gesellschaft, die am 18. August 1938 im Basler Rathaus gegründet worden ist, aus dem Willen heraus, den schweizerischen Sportverbänden jene finanzielle Hilfe und Unterstützung zuteil werden zu lassen, die sie zum Aufbau ihres bedeutungsvollen Werkes benötigen.[1]

Turnfeste

Im Jahre 1832 versammelten sich Vertreter verschiedener Kantone in Aarau zu einem Turnfest und einer Besprechung des Zusammenschlusses der bestehenden Turngesellschaften. Der so gegründete Eidgenössische Turnverein veranstaltete bis 1874 alljährlich ein schweizerisches Turnfest, dann folgte ein zweijähriger und dreijähriger Turnus. 1912 fand in Basel das letzte eidgenössische Turnfest vor dem Krieg statt, der Turnus wurde 1922 in Genf wiederaufgenommen und kam 1959 wieder nach Basel.

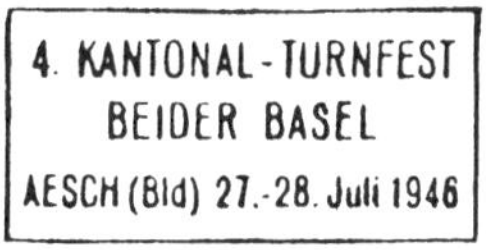

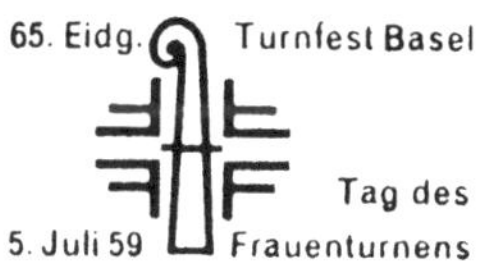

⊙ Basel 5.–9.8.1912 (S 45): Eidg. Turnfest
⊙ Sissach 8.–9.7.1939 (A 269): 3. Kantonal-Turnfest beider Basel
⊙ Basel 19.–21.7.1946 (A 382): 7. Schweiz. Arbeiter-Turn- und Sportfest
⊙ Aesch 27.–28.7.1946 (384): 4. Kantonal-Turnfest beider Basel
⊙ 13.–16.7.1949 (A 512): Kunstturner-Weltmeisterschaften in Basel
⊙ Basel 5.7.1959 65 (A 823): Eidg. Turnfest Basel, Tag des Frauenturnens
⊙ Basel 9.–12.7.1959 (A 825): Eidg. Turnfest
⚒ Basel 1950 Kunstturner-Weltmeisterschaften (M 4.5.73)
⚒ Basel Eidg. Turnfest Basel (M 4.5.134)

---

[1] Schaffendes Basel, p. 294.

Gymnaestrada

Der Internationale Turnerbund führt seit 1953 alle vier Jahre ein Weltgymnastikfest durch, dies auf Anregung des Holländers J. H. F. Sommer. Die erste solche Gymnaestrada fand 1953 in Rotterdam statt. 1965 wurde Basel erstmals Austragungsort, und erneut auch 1969. Zu der 5. Gymnaestrada 1969 bewilligte die PTT eine Sondermarke. Sie fand vom 2. bis 6. Juli 1969 mit rund 15 000 Teilnehmerinnen und Teilnehmern in den Hallen 3, 5, 6 bis 8 der Mustermesse sowie in den Stadien St. Jakob und Landhof statt.

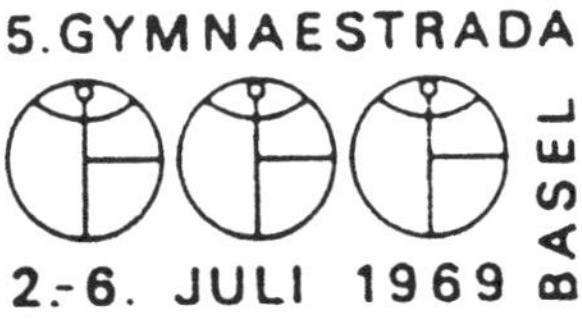

□ Schweiz 1969 50 c (Znr. 464): Gymnaestrada
⊙ Basel 1969 (S 707): 5. Gymnaestrada in Basel
⚒ Basel 1969 (M 4.5.227 d,f): 5. Gymnaestrada Basel

Basler Stadtlauf

Seit 1983 wird jährlich im November der Basler Stadtlauf durchgeführt, auf einer Rundstrecke von 1,65 km (1994). Gelaufen wird in siebzehn (ursprünglich elf) Kategorien, aufgeteilt nach Alter und Geschlecht. Der Start für die Kategorien A und B (Schüler und Schülerinnen bis zwölf Jahre) erfolgt an der Ecke Freie Strasse/Bäumleingasse, für die übrigen Kategorien in der Bäumleingasse. Der Parcours verläuft durch die Rittergasse, St.-Alban-Graben, Freie Strasse, Eisengasse, Augustinergasse, das Ziel befindet sich am Marktplatz. Je nach Kategorie müssen eine bis fünf Runden absolviert werden. Für Sportlerinnen und Sportler gibt es eine Zeitlimite von 32 oder 35 Minuten für vier oder fünf Runden. Die Teilnehmer erhalten eine Erinnerungsmedaille, die Sieger in jeder Kategorie einen Ehrenpreis. Organisiert wird der Lauf vom Sportverein Basel, der Basler Zeitung und der Firma Kost Sport.

Bisher ein einziges Mal, 1985, gab es einen Postwerbestempel für diesen Lauf, an dem 1989 erstmals mehr als 3000 Läuferinnen und Läufer teilnahmen.

⚒ Basel 2 1985 1.–30.11. (M 4.5.400)

Onoldswiler Lauf

Onoldswil war ehemals eine selbständige Gemeinde im Bezirk Waldenburg, Kanton Baselland. Urkundlich erwähnt 835 als Honoltesvillare, 1145 Onoltswilere, 1226 Onolswile, 1345 Onoltswil in dem obern und nidern dorff. Es gibt dort Überreste römischer Siedlungen, und ein fränkischer Beamter, Honoald, der sich im Hof der ehemaligen römischen Villa ansiedelte, gab dem Ort den Namen. 1295 stürzte ein Teil des Berges ins Tal herab und staute das Wasser der Frenke; dieses wuchs und verdeckte vor Menschenaugen selbst die Spitze der Kirche. Bald nachher erscheinen die beiden Dorfteile als Nieder- und Ober-Onoldswil, von der Mitte des 15. Jahrhunderts als Nieder- und Oberdorf.[2]
1981 fand der erste Onoldswiler Lauf statt, dem weitere folgten, seit 1982 mit einem gleichbleibenden Maschinenstempel belegbar. Im Stempel ist die Telefonnummer des Organisationskomitees angegeben.

⚒ Liestal 1982 (M 4.5.360): 2. Lauf
⚒ Liestal 1983 (M 4.5.376): 3. Lauf
⚒ Liestal 1984 (M 4.5.389): 4. Lauf

Rheinsporttage

Der Rhein lädt zu zahlreichen sportlichen Aktivitäten ein. Schon seit 1884 wurden auf dem Rhein «nautische Spiele und Wasserfeste» veranstaltet, die 1945 ihre Fortsetzung in den «Basler Rheinsporttagen» fanden. Beteiligt sind dabei Schwimmer, Kajak- und Kanufahrer, Ruderer und Wasserfahrer, aber auch weitere Sportarten und Formationen. Der Basler Ruder-Club wurde ebenfalls im Jahre 1884 gegründet. Der Ruderclub Blauweiss entstand als Unterabteilung des Wasserfahrvereins der Rhenania St. Johann im Jahre

---

[2] Hist. V, 348.

1931. Philatelistisch tritt keiner dieser Vereine in Erscheinung. Das Wasserfahren (Weidlingfahren) ist ein markantes Bild auf dem Rhein, der erste nachweisbare Weidlingmacher von Basel wurde 1374 ins Basler Bürgerrecht aufgenommen.[3] Der Weidling wurde jedoch erst in den frühen 1880er Jahren zu sportlichen Zwecken eingesetzt. 1883 wurde der Rhein-Club Basel gegründet, der im Herbst 1883 einen ersten Weidling in Besitz nahm.[4] Belegbar ist das Wasserfahren mit einem Sonderstempel.

⊙ Basel 11.–12.9. 1954 (A 682) Basler Rheinsporttage: Paddler(?), Motorboot
⚒ Basel 1949 (M 4.5.67) 4. Basler Rheinsporttage: Weidling
⚒ Basel 1951 (M 4.5.80) 5. Basler Rheinsporttage: Schriftzug über Bootsrumpf
⚒ Basel 1954 (M 4.5.106) 6. Basler Rheinsporttage: Paddler(?), Motorboot

Schützenfeste

Schützenfeste gab es in der Schweiz schon im 14. Jahrhundert. Einen grossen Aufschwung nahm das Schiesswesen in der Schweiz im 15. Jahrhundert, und in Basel entstand die Zunft der Feuerschützen. 1638 fand in Sursee das letzte grosse eidgenössische Freischiessen statt, die grösseren Schützenfeste verschwanden fast spurlos. Zu Beginn des 19. Jahrhunderts erfolgte die Neugründung zahlreicher Schützengesellschaften. Das erste eidgenössische Freischiessen fand 1824 in Aarau statt, gefolgt von Basel im Jahre 1827. Weitere eidgenössische Schützenfeste gab es in Basel in den Jahren 1844 und 1879,

danach musste sich Basel aus räumlichen Gründen mit kantonalen und regionalen Schützenfesten zufriedengeben. Das erste Kantonalschützenfest beider Basel wurde 1897 in Sissach durchgeführt worden. Philatelistisch belegbar sind jedoch für Basel nur kantonale und regionale Schützenfeste.

[3] Basler Sport, Eugen A. Meier, p. 269.
[4] Basler Jahrbuch 1983, p. 225.

⊙ Liestal 19.–25.6.1937 (A 48): XI. Kant. Schützenfest beider Basel
⊙ 27.8.–5.9.1965 (A 988): Gelterkinden, Nordwestschweizerisches Landesschiessen
⚒ Basel 1968 (M 4.5.221): 17. Kantonal-Schützenfest beider Basel
⚒ Muttenz 1972 (M 4.5.261): 18. Kantonal-Schützenfest beider Basel

Armeemeisterschaft

Der Wehrsport nahm seinen Aufschwung nach den Olympischen Sommerspielen 1936, und 1938 wurde der Militärsport offiziell vom Eidgenössischen Militärdepartement anerkannt. 1941 wurden auf den Sportanlagen St. Jakob die 5. Armeemeisterschaften ausgetragen.

⚒ Basel 1941 (M 4.5.45)

Eishockey

Eine Eishockeysektion wurde 1918 in Basel innerhalb des Landhockey-Clubs gegründet. Das Training wurde auf der Eisbahn Oberwil durchgeführt. Es folgten 1928 der Eissportclub St. Margarethen und 1932 der EHC Basel als Sektion des Sportclubs Rotweiss, 1934 wurde die Kunsteisbahn eröffnet. 1952 wurde der EHC Basel Vize-Schweizer-Meister und galt als «grösster Eishockeyclub der Schweiz», danach folgte der Abstieg in die Nationalliga B.
1939 und 1953 teilten sich Basel und Zürich in die Organisation der Eishockey-Weltmeisterschaften.

⊙ Basel 3.–12.2.1939 (A 246): Welt-Eishockey-Meisterschaft Basel
⚒ Basel 1938 (M 4.5.40): WM
⚒ Basel 1953 (M 4.5.92): WM
⊙ Basel 7.8–3.1953 (A 608): Eishockey Welt- und Europameisterschaften

Fussball

Bereits am 11. November 1893 erschien in den Basler Nachrichten ein Aufruf, dass sich Interessenten zur Gründung eines Footballclubs im obern Saal der Schuhmacherzunft einfinden sollten.[5] Offenbar hatte um 1927 der Schweizerische Fussball- und Athletik-Verband seinen Sitz in Basel, belegbar durch einen Ganzsachenumschlag. Fussball wird in Basel grossgeschrieben, doch lässt er sich philatelistisch nur mit einem Sonderstempel anlässlich der Weltmeisterschaften 1954 belegen, deren Spiele auf verschiedene Schweizer Städte aufgeteilt wurden.

✉ Basel 1914/1922 20 c Tellbrustbild: Schweiz. Fussball- und Athletikverband

⊙ Basel 19.–20.6.1954 (A 664): Fussball-WM in der Schweiz

Tennis, Tischtennis

Einen grossen Stellenwert besitzen die Swiss Indoors in Basel, ein Tennisturnier mit internationaler Beteiligung und Bedeutung, das seit 1970 in der Sporthalle St. Jakob ausgetragen wird und von Roger Brennwald, ehemaliger Handball-Internationaler, gegründet wurde. 1987 trug hier die Deutsche Steffi Graf den Sieg davon, und einen Hinweis auf diesen Sieg gibt es auf einer Briefmarke von Sierra Leone.

Der Tischtennis-Club Basel wurde 1931 gegründet, ist damit der älteste Club dieser Art in Europa. In späteren Jahren nahm der Tischtennisclub den Namen TTC Basler Dybli an.

☐ Sierra Leone 1987 •••• Steffi Graf und Hinweis auf ihren Sieg an den Swiss Indoors 1987 in Basel.

⊙ Basel 1983 (M 4.5.375): Nationale Tennismeisterschaft Liestal

⊙ Basel1986 (M 4.5.415): Tischtennis

---

[5] Basler Almanach, p. 206.

Handball

Im Jahre 1924 wurde an den 5. Eidgenössischen Spieltagen in Basel erstmals Handball als neue Sportart vorgestellt, nachdem ein Jahr zuvor die ersten Handballmannschaften der Schweiz aufgestellt worden waren. 1952 und 1963 (elf Spielorte) war Basel Austragungsort der Handballweltmeisterschaften. 1952 errangen die Schweizer den dritten Rang hinter Deutschland und Schweden. 1986 fanden die Hallen-Handballweltmeisterschaften in der St.-Jakobs-Halle in Basel statt, wo die Schweiz den elften Rang belegte.

⊙ 13.6.1952 (A 576): Handballweltmeisterschaft Basel
⊙ 9.6.1963 (A 929): Feldhandball-Weltmeisterschaft Endspiel

Aviatik

Der erste Luftballon startete in Basel am 19. April 1784 mit Anton Tschan aus Balsthal.[6] 1788 folgte ein Start des Franzosen Blanchard im Garten des Markgräflerhofes, am 28. September 1891 Kapitän Eduard Spelterini im Kasernenhof. An der 3. Auflage des Gordon-Bennett-Wettfliegens, das 1932 in Basel ausgetragen wurde, nahmen sechzehn Ballone aus acht Ländern teil. Aus Basel waren Eugen Dietschi und Alex Van Baerle beteiligt, ihr Ballon landete nach 1017 Kilometern und zweiundzwanzigstündiger Fahrt südlich von Warschau.
Die erste Flugmaschine landete am 11. Mai 1911 in Basel, mit Theodor Real als Pilot. 1928 wurde der Aero-Club Basel gegründet. Noch im Gründungsjahr wurde eine Havilland Moth mit 100 PS erworben und auf den Namen «Basler Dybli» getauft.

⚒ Basel 1932 (M 4.5.19): Gordon Bennett Basel (Ballonfliegen)
⊙ Basel 29.5.1938 (S 181): Pro-Aero-Flugmeeting Basel
⊙ Basel 18.8.1957 (A 773): Internationale Ballonwettfahrt

[6] Basler Sport, p. 22.

Folklore und Brauchtum

In diesem Abschnitt dominiert ein Begriff: Die Basler Fasnacht. Allerdings gibt es keine Briefmarke, welche die Basler Fasnacht direkt ehrt, dafür sehen wir auf der 80-Rp-Marke von 1977 den Vogel Gryff. Die Fasnacht selbst lässt sich mit ein paar älteren Stempeln belegen.

Trachten

Zur Folklore gehören die beiden Pro-Juventute-Marken mit Darstellungen einer Tracht aus Basel-Stadt und Baselland. Die Firma Steinfels in Zürich hat zudem eine Serie privater Postkarten mit eingedrucktem Wertzeichen herausgegeben, die verschiedene Trachten der Schweiz darstellen, darunter offenbar auch Trachten der Kantone Basel-Stadt und Baselland. Leider konnten wir die entsprechende Vorlage nicht beschaffen.

☐ Schweiz 1935 5+5 c (PJ 73): Basellandschäftlerin, im Hintergrund Sissacher Fluh mit Baum und Haus
☐ Schweiz 1939 30+10 c (PJ 92): Baslerin, im Hintergrund Münster
⊙ Basel 1961 (A 888): Eidgenössisches Trachtenfest
⊙ Basel 1989 Regiophila, Trachten von Basel, aus dem Elsass und Baden
✉ Schweiz Privatganzsachen der Firma Steinfels in Zürich: Kantonaltrachten

Vogel Gryff

Das Fest der drei Kleinbasler Ehrengesellschaften (zunftartige Vereinigungen) findet jeweils am 13., 20. oder 27. Januar statt. Es besteht aus der Talfahrt des Wilden Mannes auf einem Floss den Rhein hinab, gefolgt vom Tanz der «Ehrenzeichen»: Löwe, Wilder Mann und Vogel Greif auf der Mittleren Brücke und Zug durchs Kleinbasel.

□ Schweiz 1977 80 c (Znr. 601): Vogel Gryff
⊙ Basel 13.1.1978 (S 929): Vogel Gryff

Lällekönig

Wenn der Wilde Mann den Rhein hinunterfährt, ist er stets darauf bedacht, Grossbasel immer nur den Rücken zuzuwenden. Auch die beiden andern Ehrenzeichen tanzen mit dem Rücken gegen Grossbasel. Als Gegenreaktion streckt der Lällekönig dem Kleinbasel die Zunge heraus. Die Figur des Lällekönigs befindet sich an der Ecke des Hauses Schifflände 1 auf der Höhe des ersten Stockwerkes.

⚒ Basel 1981 (M 4.2.187): 125 Jahre Historisches Museum

Basler Fasnacht

Die Basler Fasnach beginnt Montagmorgen, um 4 Uhr, mit dem Morgenstreich und dauert drei Tage, bis zum Mittwoch nach Aschermittwoch. Die «Cliquen» (Fasnachtsvereinigungen) tragen ihre grossen, bemalten Laternen durch die Gassen und über die Plätze, begleitet von Trommel- und Pfeifenklang. Am Montag und Mittwoch ziehen nachmittags die Cliquen und die Guggenmusiken mit Kostümen und Requisiten durch die Stadt («Cortège»). Der Dienstagabend steht im Zeichen der «Guggenmusiken». Am Montag- und Mittwochabend werden in den Gaststätten Schnitzelbänke gesungen, die aktuelle Ereignisse zum Inhalt haben.

Tambouren und Piccolospieler sind von der Fasnacht nicht wegzudenken. Einen Tambour sehen wir beispielsweise auf dem Stempel zur Mustermesse 1952 (A 566), eine Basler Trommel auf der Pro-Patria-Marke Nr. 209 von 1985.

□ Schweiz 1985 70+30 c (PP 209): Basler Trommel
⊙ Basel 27.2.1939 (A 247): Trommel und Baselstab
⊙ Basel 11.3.1946 (A 363): Zwei Kostümierte auf Brücke
⊙ Basel 24.2.1947 (A 403): Trommler
⊙ Basel 1952 (A 566): Mustermesse: Tambour
⊙ Basel 1954 (M 4.4.62): Eidgenössisches Tambourenfest

St.-Jakobs-Feier

Alle vier Jahre gedenkt man am 26. August der Schlacht bei St. Jakob an der Birs mit einem Festzug zum Schlachtfeld, wo 1444 die Eidgenossen die Stadt Basel vor französischen Söldnern, den Armagnaken, schützten. Die Feier wird weitgehend in Frage gestellt, da der Anlass zu Unrecht als Heldentat eingestuft wurde.
Pro Juventute 1923 40 c zeigt einen Krieger aus der Schlacht bei St. Jakob neben dem französischen Dauphin, und Bundesfeier 1944 10+10 c stellt die Kapelle und das Siechenhaus von St. Jakob an der Birs dar.
Vergleiche auch unter Bauwerke: St.-Jakobs-Denkmal.

□ Schweiz 1923 40 c (PJ 28): Krieger von St. Jakob
□ Schweiz 1944 10+10 c (PP 23): St. Jakob
⊙ Basel 1939 (A 287): St.-Jakobs-Feier
⊙ Basel 1944 (A 344): St.-Jakobs-Feier

Das Baselbiet

Die Gemeinden des Kantons Basel-Landschaft lassen sich in vielen Fällen philatelistisch ausschliesslich mit dem Tagesstempel des Postamtes belegen, eine stattliche Zahl der Gemeinden verfügt aber auch über einen illustrierten Werbedatumstempel. In den grösseren Ortschaften hat es dann und wann einen Sonderstempel zu einem besonderen Anlass gegeben. Nur vereinzelt lassen sich hier Briefmarken heranziehen. Seit kurzer Zeit gehört auch das Laufental zum Kanton Baselland, aus der «baslerischen» Zeit sind noch kaum Belege vorhanden. In alphabetischer Reihenfolge seien hier die Baselbieter Gemeinden kurz gewürdigt unter Angabe der philatelistischen Belege. Die Daten stammen grösstenteils aus «'s Baselbiet», erschienen 1989 im Verlag des Kantons Basel-Landschaft.

Aesch

Bezirk Arlesheim. 322 m ü. M., 9580 Einwohner. Wappen: Seit 1937. Auf silbernem Grund ein schwarzes Speereisen, begleitet von einem roten sechsstrahligen Stern. Es handelt sich dabei um das Wappen des ausgestorbenen Basler Geschlechts Macerel, das im 14. Jahrhundert die ältere Aeschburg als Lehen besass.
Als Sehenswürdigkeit gilt Schloss Aesch, ehemals von Blarerscher Freihof. Erbaut 1606, restauriert 1958. Ferner die Kirche von 1820, Schloss Angenstein und die Ruinen Schalberg, Münchsberg und Tschäpperli.

❀ Aesch (K 418)
⊙ Aesch 5.–6.6.1937 (A 36): IV. Kant. Gesangsfest beider Basel
⊙ Aesch 27.–28.7.1946 (A 384): 4. Kantonal-Turnfest beider Basel
⊙ Aesch 3.–5.5.1985 (S 1210): Balabra IV: Schloss Aesch
⚒ Aesch seit 19.11.1976 (M 3.191)

Allschwil

Bezirk Arlesheim. 287 m ü. M., Mit 18 907 Einwohnern die bevölkerungsstärkste Gemeinde des Baselbiets. Kulturhistorisch zum Sundgau gehörend. Wappen: seit 1939. Goldener Schlüssel und silbernes Schwert, gekreuzt auf blauem Grund, Symbole der Heiligen Petrus und Paulus (Patrone der Dorfkirche).
Von besonderer Bedeutung sind die zahlreichen Fachwerkhäuser, grösstenteils unter Heimatschutz stehend. Die Dorfmühle, eine aus dem 17. Jahrhundert stammende Hostienmühle, stand bis in die fünfziger Jahre in Betrieb und beherbergt heute ein Restaurant. Kirche St. Peter und Paul, seit 1250 erwähnt, neuerbaut 1443 und 1698.

✂ Allschwil 1974–1982 (M 3.169)
✂ Allschwil seit 7.12.1982 (M 3.229)
❀ Allschwil 2 «Sundgauer Dorf» (K 1419) seit 24.11.1994
❀ Allschwil 3 «Lindenplatz» (K 1420) seit 24.11.1994

Anwil

Bezirk Sissach. 605 m ü. M., östlichste Gemeinde des Kantons. 317 Einwohner.
Erwähnt seit 1276. Anwil war Zollort, bis 1801 verlief hier die Grenze zu Österreich.

Arboldswil

Bezirk Waldenburg. 633 m ü. M., Wappen: Seit 1944. Grüner Dreiberg, silberne Zinnenmauer und goldene Sonne auf blauem Grund, die Chastelenflue symbolisierend, wo sich Reste einer ummauerten Höhensiedlung aus der Bronzezeit befinden.

❀ Arboldswil (K 863, 863a)

Arisdorf

Bezirk Liestal. 370 m ü. M., 1090 Einwohner. Erwähnt 1154 als Arnolstorf (Dorf des Arnolds). Der Bär im Wappen weist auf die Herren von Bärenfels hin. 1798 war Arisdorf Ausgangspunkt für die Basler Revolution, die den Landschäftler Untertanen die Gleichberechtigung mit der Stadt brachte.

Arlesheim

Bezirkshauptort. 340 m ü. M., 8529 Einwohner. Wappen: Seit 1945. Ein blauer Flügel auf silbernem Grund, zurückgehend auf die Herren von Üsenberg. Barocke Domkirche, 1681 fertiggestellt, 1761 umgestaltet im Rokokostil. Schloss Birseck, Burg Reichenstein, Domplatz mit Domherrenhäusern.
Arlesheim liegt im Einflussbereich des von Rudolf Steiner gegründeten anthroposophischen Weltzentrums Goetheanum im benachbarten Dornach (Kanton Solothurn) und beherbergt die anthroposophischen Spitäler Ita-Wegman-Klinik und Lukas-Klinik sowie die Heilmittelfabrik Weleda.

❀ Arlesheim (K 136,135a,136b, 136c, SK 64)
⊙ Arlesheim (S 801): Wappen
⚒ Arlesheim seit 1985 (M 3.246)

Augst

Früher Baselaugst zur Unterscheidung vom ehemals österreichischen Kaiseraugst. Bezirk Liestal. 275 m ü. M., 822 Einwohner.
Der Name geht auf die Römerstadt Augusta Raurica zurück. Sie war Knotenpunkt der römischen Heerstrassen vom Bodensee ins Elsass und vom Genfersee an den Rhein.

Römisches Theater, das bis zu 8000 Personen Platz bot. Überreste der Trinkwasserleitung und der Stadtmauer. Das Gasthaus Rössli war im Mittelalter Absteige und Zoll. Flusskraftwerk mit Schleusen, 1908–1912 erbaut.

❀ Augst (K 362)
⊙ Augst 23.8.1957 (A 775–776): 2000-Jahr-Feier
✉ Schweiz 10 c: Einfahrt zur Schleuse Augst-Wyhlen

Bennwil

Bezirk Waldenburg. 518 m ü. M., 518 Einwohner.
Aus Bennwil stammt der Vater des 1845 in Liestal geborenen Carl Spitteler. Dem Dichter und Nobelpreisträger errichteten die Bennwiler 1948 auf dem Dorfplatz ein Denkmal, einen Findling aus den Walliser Alpen.

Biel-Benken

Bezirk Arlesheim, bis 1971 zwei politische Gemeinden. 316 m ü. M., 2247 Einwohner.
Die reformierte Kirche von 1621 besitzt die älteste Glocke des Kantons, sie stammt aus der geschleiften Kapelle des verschwundenen Dorfes Munzach bei Liestal. Denkmal zur Erinnerung an den Dichter-Pfarrer Friedrich Oser.

Binningen

Bezirk Arlesheim. 294 m ü. M., 14 244 Einwohner.
Schloss Binningen, im 13. Jahrhundert vom Basler Heinrich Zeisen erbaut. 1545 bis 1559 gehörte es dem Niederländer David Joris, der hier als Johann von Brugg unter falschem Namen lebte. Nachdem er als Haupt einer Wiedertäufergemeinde entlarvt worden war, wurde sein Leichnam exhumiert. Seither soll er als Geist umherirren. 1662 bis 1738 war das Schloss Eigentum der Bündner Familie von Salis. Seit 1870 wird hier eine Gastwirtschaft geführt.
Weitere Sehenswürdigkeiten sind: Holeeschloss, Kirche zu St. Margarethen, Gasthof Neubad, 1756 erbaut, ursprünglich der Bevölkerung als Bad dienend.

⚒ Binningen 1978 (M 3.197)

Birsfelden

Bezirk Arlesheim. 260 m ü. M., 11 838 Einwohner.
Rheinhafenanlagen. Kraftwerk mit einer Schleuse, erbaut 1950–1954. 1979 Eröffnung der zweiten Schleuse. Die grosse Grünfläche der Kraftwerkinsel dient als Naherholungszone.

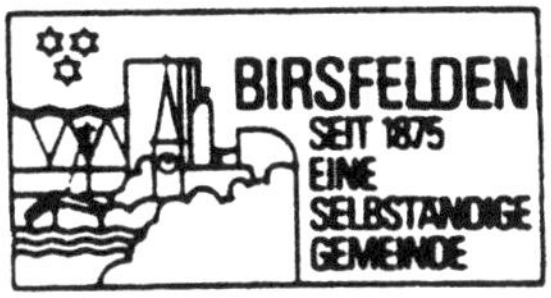

⚒ Birsfelden seit 4.4.1975 (M 3.176)

Blauen

Bezirk Laufental. Wappen: In Gold ein schwarzer Balken, überhöht von einem fünfstrahligen schwarzen Stern.

Böckten

Bezirk Sissach. 385 m ü. M., 634 Einwohner.
Ortsname: Ursprünglich Bettinchon, Betkon. Sehenswürdigkeit: Burgruine Bischofstein.

Bottmingen

Bezirk Arlesheim. 295 m ü. M., 5636 Einwohner.
Weiherschloss Bottmingen 1363 erstmals erwähnt, gehört seit 1957 dem Kanton und dient als Restaurant. Vor einem Schulhaus, ehemals Wirtshaus, befindet sich die letzte intakte Brückenwaage im Leimental.

❀ Bottmingen (K 1124)

Bretzwil

Bezirk Waldenburg. 630 m ü. M., 701 Einwohner. Erwähnt 1194 als Braswilere.

Brislach

Bezirk Laufental. Wappen: In Gold zwei gekreuzte Lilienstäbe. Das Wappen gehörte der Familie der Edelknechte von Ramstein, die ursprünglich «von Brislach» hiessen.

Bubendorf

Bezirk Liestal. 375 m ü. M., 3073 Einwohner.
Bad Bubendorf, früher Bad, heute Restaurant und Hotel. Schloss Wildenstein, bis vor kurzem Privatbesitz, einzig bewohnbare und bewohnte Burg im Kanton. Wasserfall mit Tropfstein unterhalb von Schloss Wildenstein.

❀ Bubendorf (K 1239)
⊙ Bubendorf (SK 111)

Buckten

Bezirk Sissach. 483 m ü. M., 678 Einwohner.

Burg im Leimental

Bezirk Laufental. Wappen: In Silber ein schwarzer Balken, begleitet von drei (2,1) roten Scheiben.

Buus

Bezirk Sissach. 443 m ü. M., 751 Einwohner.

Diegten

Bezirk Waldenburg. 485 m ü. M., 1091 Einwohner.

Diepflingen

Bezirk Sissach. 570 m ü. M., 562 Einwohner.

Das Wappen (seit 1945) weist auf den alten Schwibbogen hin, der wohl zur früheren Zollstelle gehört hatte: auf grünem Boden eine silberne Tormauer mit rotem Tor und Dach vor schwarzem Hintergrund.

❀ Diepflingen (K 905)

Dittingen

Bezirk Laufental. Wappen: In Silber auf grünem Boden ein schreitender, schwarz gekleideter heiliger Wendelin (Patron des Laufentals) mit goldenem Nimbus, goldenem Stab, goldener Tasche und goldenen Sandalen zwischen zwei grünen Bäumen mit roten Stämmen.

Duggingen

Bezirk Laufental. Wappen: In Gold auf einem roten Dreiberg ein aufrechter, schwarzer Bär mit roten Krallen. Wappen der Herren von Bärenfels.

❀ Duggingen (K 1251)

Eptingen

Bezirk Waldenburg. 570 m ü. M., 562 Einwohner.
Im Mittelalter gehörte die Gegend dem Bischof von Basel, der sie Lehensleuten, den Herren von Eptingen, überliess.

❀ Eptingen (K 817)

Ettingen

Bezirk Arlesheim. 335 m ü. M., 4904 Einwohner.
Der Ortsname weist auf einen Alemannen namens Atto oder Etto (atto = Vater, Vorfahr) hin. Zur Zeit Karls des Grossen teilten sich der Bischof von Basel und das Kloster Reichenau in den Besitz von Ettingen. Über hundert Jahre besass die Stadt Solothurn die Oberhoheit, 1669 fiel das Dorf an das Bistum Basel.

❀ Ettingen (K 977)

Frenkendorf

Bezirk Liestal. 337 m ü. M., 5643 Einwohner. Wappen: In Blau ein silberner Halbmond. Altes Gemeindezeichen, Farben der Herren von Schauenburg. Nach dem Aussterben der Herren von Schauenburg verpfändeten die geistlichen Herren Frenkendorf an den Basler Henman von Offenburg, 1439 an die Stadt Basel. Ein Denkmal erinnert an das Gefecht auf der Hülftenschanz 1833.

❀ Frenkendorf (K 1381) seit 11.9.1993

Füllinsdorf

Bezirk Liestal. 330 m ü. M., 4096 Einwohner.

Gelterkinden

Bezirk Sissach. 405 m ü. M., 5160 Einwohner.

Der Ortsname bedeutet «Hof des Geltrich und seiner Sippe». 1461 erwarb die Stadt Basel die Herrschaft Farnsburg mit Gelterkinden. Mit der Eröffnung der Hauensteinlinie im Jahre 1916 nahm das Dorf seinen Aufschwung.

❀ Gelterkinden (K 284, 284a)
⊙ Gelterkinden 1965 (A 988): Schützenfest
✕ Gelterkinden 1977 (M 3.195)

Giebenach

Bezirk Liestal. 332 m ü. M., 580 Einwohner.

Grellingen

Wappen: Gespalten von Silber mit einem roten Baselstab, und von Blau mit einem silbernen Balken mit aufgesetzter halber silberner Lilie. Der rote Baselstab weist auf das Fürstbistum Basel hin.

❀ Grellingen (K 656)

Häfelfingen

Bezirk Sissach. 543 m ü. M., 225 Einwohner.

Hemmiken

Bezirk Sissach. 504 m ü. M., 250 Einwohner.

Hersberg

Bezirk Liestal. 430 m ü. M., 1833 Einwohner.

Hölstein

Bezirk Waldenburg. 430 m ü. M., 1833 Einwohner.

Itingen

Bezirk Sissach. 370 m ü. M., 1418 Einwohner.

Känerkinden

Bezirk Sissach. 552 m ü. M., 393 Einwohner. Bauerndorf und Wohngemeinde über dem Homburgertal. Wappen: Goldene Sonne über silbernem Pflug auf blauem Grund. Kennichingen (1359), eine alemannische Siedlung, kam 1305 in den Besitz des Bischofs von Basel.

❀ Känerkinden (K 1380) seit 28.8.1993

Lampenberg

Bezirk Waldenburg. 522 m ü. M., 468 Einwohner.

Langenbruck

Bezirk Waldenburg. 731 m ü. M., 882 Einwohner.
Der Ortsname wird von der ehemaligen mit Hölzern belegten Strasse, die wie eine Brücke aussah, abgeleitet. Der Weg war in einer sumpfigen Gegend bei der Passhöhe mit Rundhölzern verfestigt, damit er sicher passiert werden konnte. Geburtsort des Flugpioniers Oskar Bider.

❀ Langenbruck (K58, 58a)
☐ Schweiz, Briefmarken zu Ehren von Oskar Bider (siehe unter Flugwesen)

Läufelfingen

Bezirk Sissach. 560 m ü. M., 1148 Einwohner.
Der Ortsname ist alemannischen Ursprungs und wird als Leinvolvingen 1226 erstmals erwähnt. Die Entwicklung Läufelfingens wurde durch den mittelalterlichen Strassen- und späteren Eisenbahnverkehr stark begünstigt, durch die Eröffnung der Hauenstein-Basislinie über Gelterkinden verlangsamt.

❀ Läufelfingen (K 703)
□ Schweiz 1969 30+10 c (PP144):
hl. Christophorus aus der Kirche Läufelfingen

Laufen

Hauptort des Laufentals, ehemals Kanton Bern. Wappen: In Schwarz ein silberner Baselstab.

❀ Laufen (K 258, 258a)
❀ Laufen 1995 (SK xxxx): 700 Jahre Stadt Laufen
⚒ Laufen 1983 (M 3.234): Laufen, das alte Marktstädtchen an der Birs

Lausen

Bezirk Liestal. 343 m ü. M., 4074 Einwohner.
Die Deutung des Ortsnamens, 1275 als Langenso erwähnt, ist unklar. Im Heidenloch zwischen Lausen und Liestal begann die römische Wasserleitung nach Augusta Raurica.

❀ Lausen (K 776)

Lauwil

Bezirk Waldenburg. 637 m ü. M., 305 Einwohner.

Liedertswil

Bezirk Waldenburg. 633 m ü. M., 153 Einwohner.

Liesberg

Bezirk Laufental. Wappen: In Blau auf einem roten Sechsberg auf gewelltem blauem Schildfuss ein schreitender silberner Schwan mit goldenem Schnabel und goldenen Beinen.

Liestal

Kantons- und Bezirkshauptort. 327 m ü. M., 12 054 Einwohner.
Sitz der Eidgenössischen Zollschule. Mit 18 km² flächenmässig grösste Gemeinde des Kantons. Für den Ortsnamen gibt es mehrere Deutungen: liusttaio = römischer Wachtposten zum Schutz der Strasse; Lucistabulum = Haus eines römischen Siedlers namens Lucius; Liubherestal = Besitz eines Alemannen namens Liubirih; Lieschtal = Ort, wo Liesche (Riedgras) wächst.

□ Schweiz 1964 2.20 Fr (Znr. 425): Obertor in Liestal
□ Schweiz 1913 20 c (FP VIII): Flugtag in Liestal
□ Schweden 1979 2.50 Kr (Zumst.1094): Spitteler und Altstadt
⚒ Liestal seit 8.10.1961 (M 3.57)
⚒ Liestal 2.1.–31.12.1989 (M 4.2.305): 800 Jahre Liestal
⊙ Liestal 14.4.1937 (A 3): Wasserturmplatz
⊙ Liestal 19.–25.6.1937 (A 48): XI. Kant. Schützenfest beider Basel
⊙ Liestal 1968 Regiophil (S 525)
⊙ Liestal Wappen (S 688)
⊙ Liestal 1.8.1975 Bundesfeier
⊙ Liestal 1.8.1986 Bundesfeier
⚒ Liestal (M 4.5.360 u.a): Onoldswiler Lauf
✉ Schweiz 1935 (Nr. 116/125 B): Schwimmbad

Lupsingen

Bezirk Liestal. 431 m ü. M., 988 Einwohner.

Maisprach

Bezirk Sissach. 385 m ü. M., 609 Einwohner.

Münchenstein

Bezirk Arlesheim. 300 m ü. M., 11 384 Einwohner. Wappen: Auf silbernem Grund ein schwarzer, barhäuptiger, rot beschuhter Mönch (Siegel des bischöflich-baslerischen Ministerialengeschlechts Münch). Der ursprünglicher Ortsname Geckingen deutet eine alemannische Siedlung an. Die auf dem sogenannten Stein um 1270 erbaute Burg der Familie Münch gab fortan dem Dorf den Namen.

⚒ Münchenstein seit 1992 (M 3.287)

Muttenz

Bezirk Arlesheim. 291 m ü. M., 17 063 Einwohner.
Gut erhaltener Dorfkern, 1983 mit dem Wakker-Preis ausgezeichnet. Kirche St. Arbogast mit romanischem Vorchor, spätgotischem Altarchor und Sakramentshaus (um 1420) sowie einer Holzdecke im Schiff (1504) und Wandmalereien aus dem 15. Jahrhundert. Der heilige Arbogast war der erste fränkische Bischof von Strassburg.

⊙ 27.8.1983 (S 183): Wappen 150 Jahre Kanton Basel-Landschaft
⚒ Muttenz seit 1971 (M 3.148)
⚒ Muttenz (M 4.5.261): Kantonales Schützenfest

Nenzlingen

Bezirk Laufental. Wappen: Gespalten von Rot mit einem silbernen Schlüssel, und von Silber mit einem blauen Balken mit aufgesetzter halber blauer Lilie. Die linke Schildhälfte zeigt das Wappen der Herrschaft Pfeffingen, zu der Nenzlingen einst gehörte.

Niederdorf

Bezirk Waldenburg. 472 m ü. M., 1554 Einwohner.

Nusshof

Bezirk Sissach. 543 m ü. M., 163 Einwohner.

Oberdorf

Bezirk Waldenburg. 500 m ü. M., 1987 Einwohner,

Oberwil

Bezirk Arlesheim. 312 m ü. M., 8649 Einwohner. Wappen: Roter Schild, senkrecht geteilt von silbernem Wellenpfahl, flankiert von silbernem Schwert und Schlüssel. Der Pfahl symbolisiert den Birsig, Schwert und Schlüssel sind Attribute der Kirchenpatrone St. Peter und Paul.
Das Stempelbild weist auf die Jumelage mit Aschau hin.

⚒ Oberwil seit 1993 (M 3.294): Aschauer-Brunnen

Oltingen

Bezirk Sissach. 576 m ü. M., 340 Einwohner.

Ormalingen

Bezirk Sissach. 425 m ü. M., 1478 Einwohner.
Erstmals erwähnt 1286 als Normandingen, wohl nach einem alemannischen Siedler namens Nordmann.

❀ Ormalingen (K 798, 798a, SK 100)

Pfeffingen

Bezirk Arlesheim. 396 m ü. M., 1647 Einwohner.
Feffingen, um 1140 erwähnt, deutet auf eine alemannische Siedlung im Besitz der Kirche. Die Pfarrkirche St. Martin von 1322 ist die älteste Kirche im Birseck.

❀ Pfeffingen (K 737)

Pratteln

Bezirk Liestal. 288 m ü. M., 15 392 Einwohner.
Im Jahre 1525 erwarb Basel die eptingische Herrschaft in Pratteln. Im 19. Jahrhundert wurde Pratteln zum Industrieort, nachdem 1836 Karl Christian Glenck mit einer Bohrung beim Rothus in der Nähe des Rheins in 130 m Tiefe auf Salz gestossen war. 1837 wurde die Saline Schweizerhalle eröffnet. 1880 Errichtung eines Ziegelbrennofens, dann Bau einer Zichorienfabrik.

Eine Ganzsache von 1925 zeigt Schloss Mayenfels, einen ehemaligen Basler Landsitz auf einer Anhöhe ausserhalb im Westen des Dorfes. Heute ist dort die Rudolf-Steiner-Schule untergebracht. Das Schloss wurde 1726 für Oberzunftmeister Johann Rudolf Faesch erbaut, 1775 erweitert und 1828 klassizistisch verändert.
Schloss Pratteln, ehemals Weiherhaus, eine malerische Baugruppe, wurde im 13. Jahrhundert von den Herren von Eptingen erbaut. 1536 durch Erdbeben, 1468 durch Brand teilweise zerstört. 1470–1476 Wiederaufbau, 1557/58 Umwandlung in ein Renaissanceschloss durch Ritter Hans Stehelin. Im 17. Jahrhundert Barockumbau und Gesamtrestauration 1965–1967. Seit 1773 im Besitz der Gemeinde.

□ Schweiz 1977 40+20 c (PP 175): Schloss Pratteln
⊙ Pratteln 5.–7.4.1991 (S 1416) Balabra V: Schloss Pratteln
✂ Pratteln seit 19.3.1969 (M 3.108)
✉ Schweiz 1925 10 c (Nr. 90/15): Knabeninstitut Schloss Mayenfels, Pratteln

Ramlinsburg

Bezirk Liestal. 497 m ü. M., 415 Einwohner.

Reigoldswil

Bezirk Waldenburg. 545 m ü. M., 1342 Einwohner.
Der Ortsname deutet auf eine alemannische Siedlung (Weiler des Rigolt) hin. Erste Besitzer des Dorfes waren die Herren von Froburg. Ihre Lehens-

herren, die Edlen von Rifenstein, hausten auf ihrer schwer zugänglichen Burg östlich des Dorfes, von wo sie den Wasserfallenpass gut überwachen konnten. 1366 gelangte der Ort mit dem Amt Waldenburg an den Bischof von Basel und 1400 in den Besitz der Stadt.

❀ Reigoldswil (K 853)

Reinach

Bezirk Arlesheim. 303 m ü. M., 18 063 Einwohner.
Der Bischofsstab im Wappen erinnert an das Bistum Basel, die drei goldenen Kugeln sind Attribute des heiligen Nikolaus. 1525 liess sich Reinach ins Burgrecht von Basel aufnehmen und wurde reformiert, doch Bischof Jacob Christoph Blarer machte die Reformation 1595 hier wieder rückgängig. Das Heimatmuseum befindet sich an der Kirchgasse 9.

⚒ Reinach seit 7.8.1974 (M 3.271): Junge Stadt
⚒ Reinach (M 3.172) seit 1.6.1988: Heimatmuseum

Rickenbach

Bezirk Sissach. 479 m ü. M., 401 Einwohner.

Rothenfluh

Bezirk Sissach. 480 m ü. M., 671 Einwohner.

Rümlingen

Bezirk Sissach. 462 m ü. M., 300 Einwohner.
Der Alemanne, von welchem der Ortsnamen abgeleitet wird, hiess entweder Rûmo, Romanus oder Rumali, Im frühen Mittelalter wurde hier eine St.-Georgs-Kapelle gebaut, daher Ritter Georg als Drachentöter im Wappen.

❀ Rümlingen (K 1323)

Rünenberg

Bezirk Sissach. 600 m ü. M., 550 Einwohner.
Im 19. Jahrhundert wurde hier die Kleegraswirtschaft gefördert, und als Folge davon wucherten vermehrt die Margeriten (Wucherblumen) auf den Feldern, was den Einwohnern den Spitznamen Margriten eintrug. Rünenberg ist Heimat von General Johann August Sutter, dem «Kaiser von Kalifornien», von Martin Grieder alias Martin Birmann, dem grossen Sozialpionier des Baselbiets, und von Niklaus Riggenbach, dem Erbauer der Vitznau-Rigi-Bahn.

❀ Rünenberg (K 1186): Primarschulhaus, Wappen
☐ Schweiz 1942 5+5 c (PJ 101): Niklaus Riggenbach
☐ USA 1948 3 c (Mi. 566): Sutters Mühle, Coloma
⊙ USA diverse Stempel für General Sutter (siehe unter Geschichte)

Schönenbuch

Bezirk. Arlesheim. 362 m ü. M., 999 Einwohner.

Seltisberg

Bezirk Liestal. 494 m ü. M., 1040 Einwohner. Wohngemeinde auf der Hochebene zwischen Oris- und Frenkental. Wappen: Geteilt von Rot mit silberner Erdbeerblüte mit goldener Mitte und grünen Kelchblättern und von Silber. Der Ortsname geht wohl auf den Alemannen Selbold zurück: Selboldisperch 1194. Das Dorf gelangte 1305 mit Liestal an den Bischof von Basel, 1400 an die Stadt Basel.

❀ Seltisberg 1994 (SK 136): 800 Jahre

Sissach

Bezirkshauptort. 376 m ü. M., 5059 Einwohner.
Der keltoromanische Siedler Sissus soll dem Dorf den Namen gegeben haben. Der Sisgau wurde 835 erstmals urkundlich erwähnt, nach seinem

Hauptort benannt. Schloss Ebenrain wurde 1774/75 erbaut für den Basler Bandfabrikanten Martin Bachofen-Heitz nach den Plänen von Architekt Samuel Werenfels aus Basel. Heute im Besitz des Kantons.

❀ Sissach (K 754)
⊙ Sissach 8./9.7.1939 (A 2693): Kantonal-Turnfest beider Basel
⊙ Sissach 12.–14.10.1979 (S 1001): Balabra III: Schloss Ebenrain
⚒ Sissach (M 3.247) seit 5. August 1985
✉ Schweiz (Nr. 153/340E)

Tecknau

Bezirk Sissach. 438 m ü. M., 661 Einwohner.

Tenniken

Bezirk Sissach. 427 m ü. M., 838 Einwohner.
Erstmals erwähnt 1226. Vom alemannischen Personennamen Tano oder Dano. Tenniken gehörte zur Herrschaft Eschenz. Ritter Henmann fiel in der Schlacht bei Sempach. 1482 kam Tenniken an Basel und zum Farnsburgeramt. 1798 Angliederung an Waldenburg, nach der Kantonstrennung an den Bezirk Sissach.

☐ Schweiz 1949 10+10 c (PP 43): Bauernhaus im Basler Jura

Therwil

Bezirk Arlesheim. 306 m ü. M., 7583 Einwohner.
Erstmals erwähnt 1223 als Terwilre. Anschluss ins Burgrecht von Basel und an die Reformation 1525, im 16. Jahrhundert Gegenreformation. 1792–1815

❀ Therwil (K 578)

stand Therwil unter französischer Herrschaft und wurde dem Kanton Basel zugeschlagen. Der Therwiler Stephan Gutzwiller gehörte zu den Anführern des Baselbieter Freiheitskampfes. Eröffnung der Birsigtalbahn im Jahre 1887.

Thürnen

Bezirk Sissach. 391 m ü. M., 958 Einwohner.

Titterten

Bezirk Waldenburg. 668 m ü. M., 369 Einwohner.

Waldenburg

Bezirkshauptort. 530 m ü. M., 1180 Einwohner.
Der Ort wurde 1244 erstmals als Waldenburch erwähnt, zurückzuführen auf «Burg der Walen», der Welschen oder Römer. 1880 Eröffnung der Waldenburgerbahn.

❀ Waldenburg (K 779)

Wenslingen

Bezirk Sissach. 570 m ü. M., 587 Einwohner.

Wintersingen

Bezirk Sissach. 430 m ü. M., 486 Einwohner.

Wittinsburg

Bezirk Sissach. 572 m ü. M., 262 Einwohner.

Zeglingen

Bezirk Sissach. 535 m ü. M., 451 Einwohner.

Ziefen

Bezirk Liestal. 428 m ü. M., 1039 Einwohner.

Im Jahre 1226 wurde Ziefen erstmals als Civenne erwähnt. Am Osteingang des Dorfes befand sich ein römischer Gutshof, dessen Quellfassung noch heute genutzt wird. 1565 starben in Ziefen 211 Menschen an der Pest. Zur Zeit der Posamenterei waren in Ziefen dreihundert Webstühle in Betrieb.

❀ Ziefen (K 889)

Zunzgen

Bezirk Sissach. 406 m ü. M., 2223 Einwohner.

Literaturverzeichnis

Historisch-Biographisches Lexikon der Schweiz,
7 Bände. Verlag P. Attinger, Neuenburg 1934.

Geographisch-Historisches Lexikon der Schweiz,
8 Bände. Verlag P. Attinger, Neuenburg 1904.

Schweizer Lexikon 91, 6 Bände. Luzern 1991–1993.

Meyers Enzyklopädisches Lexikon, 25 Bände. Mannheim.

Brockhaus Enzyklopädie, 20 Bände. Wiesbaden 1966.

Kunstführer durch die Schweiz, 3 Bände.
Herausgegeben von der Gesellschaft für Schweizerische Kunstgeschichte. Büchler-Verlag,
5. Auflage 1971, 1976, 1982.

Schaffendes Basel – 2000 Jahre Basler Wirtschaft, Hansrudolf Schwabe.
Birkhäuser Verlag, Basel 1957.

Basler Geschichte, René Teutenberg.
Christoph-Merian-Verlag, Basel 1986.

s'Baselbiet, M. Ballmer.
Verlag des Kantons Basel-Landschaft, Liestal 1989.

Baselland unterwegs.
Verlag des Kantons Basel-Landschaft, Liestal 1989.

Basel gescheitestes Haus.
Sonderdruck der Basler Zeitung 1988.

Basler Stadtbuch, diverse Jahrgänge.
Herausgegeben von der Christoph-Merian-Stiftung, Basel.

Basel einst und jetzt, Eugen A. Meier.
Buchverlag Basler Zeitung, Basel 1994.

Basler Almanach, Eugen A. Meier.
Buchverlag Basler Zeitung, Basel 1988.

Basler Sport, Eugen A. Meier.
Buchverlag Basler Zeitung, Basel.

Aus dem königlichen Familienalbum, Eugen A. Meier.
Basler Miniaturen. Basel 1994.

Die Motive der Schweizer Werbestempel, Bd. I, Dr. Ernst Schlunegger. 1969.
Die Motive der Schweizer Werbedatumstempel, Bd. II, 1979.
Die Motive der Schweizer Werbedatumstempel, Bd. III, 1979–1987, 1988.
Die Motive der Schweizer Werbedatumstempel, Bd. IV, 1988–1991, 1992.

Schweizerisches auf Briefmarken und Stempeln des Auslandes,
Dr. Ernst Schlunegger. 1987.

Motivhandbuch Schweiz, Dr. Ernst Schlunegger. 2. Ausgabe, 1990.

Zumstein-Briefmarkenkatalog.
Zumstein-Ganzsachenkatalog, Bern 1984.
PEN-Katalog der Sonderstempel 1988 mit Nachträgen.
Herausgegeben von Zumstein & Cie., Bern.

Handbuch der Werbedatumstempel Schweiz/Liechtenstein.
Herausgegeben 1993 vom Schweizerischen Verein der Poststempelsammler.

Handbuch der Maschinenstempel, 2 Bände, mit Nachträgen.
Herausgegeben vom Schweizerischen Verein der Poststempelsammler.

Register

Schriftenreihe des Schweizerischen Motivsammler-Vereins

Série thématique de la Société suisse de Philatélie thématique

Zur Zeit sind folgende Publikationen erhältlich:

Nr. 3 Die Motive der Schweizer Werbestempel, Bd. I. Dr. Ernst Schlunegger. 1969. 101 Seiten, 700 Stempelabbildungen. Fr. 10.–. ISBN 3-907034-03-1

Nr. 15 Die Motive der Schweizer Werbedatumstempel, Bd. II, 1979. 88 Seiten, 320 Stempelabbildungen. Fr. 15.–. ISBN 3-907034-15-5

Nr. 23 Die Motive der Schweizer Werbedatumstempel, Bd. III, 1979–1987. 1988. 208 Seiten, 550 Stempelabbildungen. Fr. 25.–. ISBN 3-907034-23-6

Nr. 27 Die Motive der Schweizer Werbedatumstempel, Bd. IV, 1988–1991. 1992. 136 Seiten, 200 Stempelabbildungen. Fr. 15.–. ISBN 3-907034-27-9

Nr. 4 Evolution des collections thématiques. Jean-Louis Nagel. 1970. 60 pages. Fr. 8.–. ISBN 3-907034-04-X

Nr. 9 Les marques postales et les oblitérations. Jean-Louis Nagel. 1971. 56 pages. ISBN 3-907034-09-0

Nr. 5 Ganzsache und Stempel in der Motivsammlung. Franz Oeler. 2. Auflage, 1975. Fr. 6.–. ISBN 3-907034-05-8

Nr. 11 Die Geschichte der Seefahrt auf Briefmarken. Luis Maria Lorente/Rolf Gersbacher. 1976. 64 Seiten, illustriert. Fr. 14.–. ISBN 3-907034-11-2

Nr. 13 Marinemalerei und Schiffahrt auf Briefmarken. Winfried Asendorpf. 1977. 90 Seiten, illustriert. Fr. 16.–. ISBN 3-907034-13-9

Nr. 12 Kirchenbaukunst Europas auf Briefmarken und Poststempeln. Werner Sturzenegger. 1977. 66 Seiten, illustriert. Fr. 15.–. ISBN 3-907034-12-0

Nr. 14 Pharmazie und Philatelie. Walter Maiwald. 1977. 26 Seiten, illustriert. Fr. 7.–. ISBN 3-907034-14-7

Nr. 17 Automobile auf Schweizer Ganzsachen. Peter Lutz. 1980. 38 Seiten, illustriert. Fr. 10.–. ISBN 3-907034-17-1

Nr. 18 Ortsnamenpaare. René Sommer. 1980. 124 Seiten, illustriert. Fr. 15.–. ISBN 3-907034-18-X

Nr. 19 Jagdwesen in der Philatelie. Josef Iten-Bucher. 1981. 100 Seiten, illustriert. Fr. 17.–. ISBN 3-907034-19-8

Nr. 21 Motivhandbuch Liechtenstein. Dr. Ernst Schlunegger. 1984. 412 Seiten, illustriert. Fr. 40.–. ISBN 3-907034-21-X

Nr. 22 Schweizerisches auf Briefmarken und Stempeln des Auslandes. Dr. Ernst Schlunegger. 1987. 112 Seiten, illustriert. Fr. 19.–. ISBN 3-907034-22-8

Nr. 24 Motivkontakt. Mit dem internationalen Motivreglement. 36 Seiten. Fr. 7.–. ISBN 3-907034-24-4

Nr. 25 Motivhandbuch Schweiz. Dr. Ernst Schlunegger. 2. Ausgabe, 1990. 576 Seiten, illustriert. Fr. 50.–. ISBN 3-907034-25-2

Nr. 28 Motivhandbuch Schweiz. Erika Zehnder. Nachtrag Nr. 1, 1991–1995. Etwa 100 Seiten, illustriert. Fr. 15.–. ISBN 3-907034-28-7

Nr. 26 Merkur und Hexenbesen, Märchen und Sagen als Motivsammlung. Rudolf Thiem. 1991. 96 Seiten, illustriert. Fr. 19.–. ISBN 3-907034-26-0

Nr. 27 Basel im Spiegel der Philatelie. Dr. Ernst Schlunegger. 208 Seiten, illustriert. Fr. 20.–. ISBN 3-907034-29-5

Zu beziehen durch Voreinzahlung des Betrags plus Porto (Fr. 3.–) auf Postcheckkonto Bern, Nr. 30–28152-6, oder Stuttgart, Nr. 1066-00-706, Schriftenreihe SMV, CH–3250 Lyss.
Bestellungen bitte auf der Zahlkarte vermerken oder einsenden an:
Siegfried Schlesiger, Brühlbergstrasse 20, CH–8400 Winterthur.

Beitrittserklärung

Der/die Unterzeichnete erklärt seinen/ihren Beitritt zum Schweizerischen Motivsammler-Verein (SMV) und verpflichtet sich, nach Erhalt der Aufnahmebestätigung den Jahresbeitrag von Fr. 43.– (nur für solche, die bereits einem anderen schweizerischen Philatelistenverein angehören) oder Fr. 48.– (nur Mitglied des SMV) einzuzahlen. Im Jahresbeitrag sind die Zeitschriften SBZ und «Thema International» inbegriffen. Mitglieder im Ausland müssen den Beitrag von Fr. 50.– im voraus bezahlen.*
Diese Beitrittserklärung schliesst die Anerkennung der Statuten und Reglemente des SMV ein.

* Beiträge für 1995; Änderungen vorbehalten

Name, Vorname:
Strasse:
PLZ und Ort:
In welchen Philatelistenvereinen sind Sie noch Mitglied?
Welche Motive/Themen sammeln Sie?
Andere Sammelgebiete?
Wünschen Sie die Teilnahme am SMV-Rundsendedienst? (Einmalige Einschreibgebühr von Fr. 10.–)
Referenzen:
Datum und Unterschrift:

Bitte einsenden an: Schweizerischer Motivsammler-Verein, R. Berberat, Im Solecht 22, CH–3303 Jegenstorf

Der Schweizerische Verein der Poststempelsammler SVPS stellt sich vor:

Im Januar 1958 versammelten sich in Olten einige eifrige Sammler von Maschinenstempeln, um die Gründung eines Vereins zu diskutieren. Auf eine Umfrage meldeten sich 65 Interessenten, welche dann am 8. März 1959 den 'Verein Schweizerischer Maschinenstempelsammler VSM' gründeten. Das Hauptgewicht lag in den Anfangsjahren dem Vereinsnamen entsprechend auf den damals noch wenig beachteten Maschinenstempeln, und 1970 wurde der erste Preiskatalog über diese Stempelgattung herausgegeben.

Nachdem sich der Mitgliederkreis erweitert und auch Sammler anderer Stempelgattungen im Verein Aufnahme gefunden hatten, wurde 1973 der Name auf die noch heute gültige Form geändert. Seither hat sich der Verein auch Beachtung mit der Herausgabe von Publikationen verschafft: 1976 erschien die erste Auflage des 'Handbuch Werbedatumstempel Schweiz' (gefolgt von periodischen Nachträgen), 1983 das über 600-seitige 'Handbuch der Maschinenstempel Schweiz, Liechtenstein, UNO Genf' in zwei Bänden (ebenfalls gefolgt von periodischen Nachträgen), und 1993 schliesslich wurde ein völlig neu gestaltetes, 300-seitiges 'Handbuch der Werbedatumstempel Schweiz/Liechtenstein' aufgelegt. Eine neu gestaltete Ausgabe des Handbuches der Maschinenstempel wird gegenwärtig diskutiert.

Nachdem die PTT infolge der Rezession anfangs der 70er-Jahre die Publikation der Einsatzpläne der Postwerbeflaggen im Postamtsblatt aufgeben musste, entschloss sich der Verein zur Herausgabe der eigenen Monatszeitschrift 'der poststempelsammler', in welcher seither die Einsatzpläne aller Postwerbeflaggen im voraus veröffentlicht werden. In über 250 Ausgaben mit insgesamt über 5000 Seiten sind seit der ersten Nummer im Jahr 1974 Artikel über die verschiedensten Sammelgebiete (erwähnt seien Maschinen-, Werbedatum-, Sonder- und Automobilpostbürostempel; Absender- und Absenderfreistempel; Kasernen- und Feldpost- und Truppenstempel; Bahnpost- und Bahnstationsstempel; gewöhnliche Datum- und Aushilfsstempel usw.) mit vielen neuen Forschungsergebnissen publiziert worden. Damit hat sich die Zeitschrift zur unentbehrlichen Informationsquelle für jeden Sammler von Schweizer Stempeln des 20. Jahrhunderts entwickelt, die deshalb auch ohne Vereinsmitgliedschaft abonniert werden kann (Schweiz Fr. 50.-, Ausland Fr. 60.- pro Jahr).

Der Verein bietet seinen Mitgliedern aber noch weitere Dienstleistungen wie einen gut ausgebauten und erfolgreichen Rundsendedienst mit einer Entnahmequote von durchschnittlich 60%, sowie einen Neuheitendienst für Maschinenstempel, welcher die Angebote der PTT ideal ergänzt. Dazu kommen jährlich eine Spezialitäten/Raritäten-Auktion anlässlich der Hauptversammlung im Frühjahr und eine umfangreichere Auktion an der Herbstversammlung, Vorträge und schliesslich zwei Tauschtage mit Börse. Damit pflegt der Verein den Kontakt zwischen seinen Mitgliedern wie wohl kein anderer gesamtschweizerischer Spezialverein.

Der Schweiz. Verein der Poststempelsammler mit mittlerweile über 400 Mitgliedern und an die 100 Abonnenten seiner Monatszeitschrift ist selber Mitglied des Verbandes Schweiz. Philatelisten-Vereine VSPhP und hat sich in den letzten Jahren vermehrt für die Anerkennung 'moderner' Sammelgebiete eingesetzt. So ist es seiner Initiative zu verdanken, dass erstmals anlässlich der Ausstellung 'Basler Taube '95' die Wettbewerbsklasse 'Postgeschichte' aufgeteilt worden ist und damit Sammlungen neuerer Stempel nicht länger mit Vorphilatelie-Objekten verglichen werden.

Es gibt also nur gute Gründe, Unterlagen über den Schweiz. Verein der Poststempelsammler und eine Probenummer seiner Monatszeitschrift 'der poststempelsammler' anzufordern bei:

Sekretariat SVPS, Herrn Armin Stäheli, Krummackerweg 10, CH-4600 Olten.

Schweizerischer Motivsammler-Verein SMV

Der Schweizerische Motivsammler-Verein (SMV) ist die grösste Spezialsammlervereinigung im Verband Schweizerischer Philatelistenvereine. Er bezweckt die Verbreitung und Förderung des Motivsammelns.

Die Mitgliedschaft im SMV bietet viele Vorteile:

- Einen gut ausgebauten Rundsendedienst, bei welchem die Sammler günstig Briefmarken und Stempel kaufen beziehungsweise ihre Doubletten verkaufen können.

- Die SMV-Leihbibliothek mit zahlreichen Büchern.

- Die Zeitschrift «Thema International» mit den «SMV-Nachrichten», die viermal jährlich erscheint mit vielen Beiträgen über das Motivsammeln im allgemeinen sowie unzähligen Informationen über die verschiedenen Motivgebiete.

- Die «Schweizer Briefmarken-Zeitung» (SBZ), das offizielle Organ des Verbandes Schweizerischer Philatelistenvereine (11 Nummern jährlich).

- Die SMV-Ortsgruppen in verschiedenen grösseren Städten der Schweiz mit Tausch- und Diskussionsabenden, Vorträgen usw.

- Die SMV-Schriftenreihe.

Verlangen Sie ein Anmeldeformular zum Beitritt in den SMV, entweder bei der Schriftenreihe oder beim derzeitigen Präsidenten des SMV, René Berberat, Im Solecht 22, 3303 Jegenstorf.